Marcheur dans la nuit, Nicolas Barré

夜こそわが耀き

ニコラ・バレの生涯

ブリジット・フルーレ
Brigitte Flourez
島田恒子訳
Shimada Tsuneko

春秋社

18世紀初頭に描かれたニコラ・バレ(1621〜1686)の肖像。フランス・ベズィエ市のキリスト教学校修士会修道院に保存されている。キリスト教学校修士会の創立者ジャン・バチスト・ド・ラ・サールは、ニコラ・バレを師と仰ぎ、大きな影響を受けた人である。

日本語版への序文

日本滞在中のある日、私は奈良の薬師寺を訪れました。境内に立ってまず心を奪われたのは、寺院の構築法から生まれる光と影の美しさでした。その調和は私の心に、ある感動を与えました。この庭には、もう何百年も前から多くの人々が訪れたであろう。かれらはここで思いにふけり、心の奥の、さらに奥深いところの声を聞き、その声はかれらをこの世の次元を越える遙かかなたまで導いたにちがいないと。

寺院のそばの寺務所では絵馬を売っており、それに一つの文字が書いてありました。何という字かと尋ねると、それは「空《くう》」という字で、意味ははてしないひろがり、「無」と同じということでした。それを聞いたとき、私はニコラ・バレの言葉を思い出しました。彼は神と人間との一致について語るとき「何も見えず、何も知らず、何にもとらわれず、何ももたぬ赤裸の魂こそ、神を見、神を知り、神のものとなっている」といつも言っていたのです。表現は違ってもそれは「空」と同じではないかと思った瞬間、私の前から時代の隔たりと民族の違いが消え去りました。

心の最も内奥の声に耳を傾ける人々は、人間性の深みにおいて一つに結ばれており、かれらは皆、神の近くにいる人々ではないかと思ったのです。

私は今、日本の兄弟姉妹たちに、ニコラ・バレに出会っていただきたいと願っています。彼は自分の「無」を見つめながら、神の前に生きた人です。社会の最も小さい人々、貧しい人々に仕えながら、自分の生き方を学んでいった人です。

ニコラ・バレが、日本の皆さんの心に語りかけ、問いかけてくれることを信じ、希望し、祈っております。

一九九三年四月、ローマにて

ブリジット・フルーレ

夜こそわが耀き†目次

日本語版への序文　i

1章　ピカルディの少年　003
アミアン　一六二一—一六四〇年

2章　若者の選び　021
ニジョン—ヴァンセンヌ　一六四〇—一六四三年

3章　神に渇く　037
プラス・ロワイヤル　一六四三—一六五七年

4章　夜の闇は深く　051
アミアン　一六五七—一六五九年

5章　かすかに見え始めたもの　067
ルアン　一六五九—一六六二年

6章　ささやかな一歩　087
ソットヴィル—ルアン　一六六二—一六六六年

7章　委託と離脱のうえに　103
ルアン　一六六六—一六六九年

8章　み国のきたらんことを　121
ルアン―パリ―ルアン　一六七〇―一六七五年
9章　み旨の行われんことを　141
ルアン―パリ　一六七五―一六七七年
10章　唯一の保障　161
一六七七―一六八四年
11章　行って告げなさい　183
12章　来て聴きなさい　199
13章　信じ希望し続けて　219
一六八五―一六八六年
14章　暗夜は耀いて　235
一六八六年
〈付〉ニコラ・バレのあとに続く人々　255
訳者あとがき　258

†引用文書略号†

ニコラ・バレによって書かれた文書

AC　有効に教えをするための注意と指導
AC　学校で働く姉妹たちへの注意
AS　公にしない条項
CS　霊の賛歌
ES　初代姉妹の署名入り文書
L　書簡
MD　霊的指導についての格言——指導者および被指導者のため
MF　幼きイエス愛徳学校会の基本的格言
MIS　姉妹たちの聖化についての教訓
MML　マルグリット・レストックによる手記
MP　愛徳学校の女教師たちに特別に与えられた格言
MTP　完徳を求めるすべての人々に与えられた格言
Pos　ポジシオ（列聖調査資料）
RA　最高の完徳に至る方法についての考察と注意
RJ　キリスト教学校の日常の規則
RNF　愛徳学校が基本金をもたない理由
RT　手仕事学校の規則
SR　規約と規則

同時代の証言

TM　バレ神父の死についての証言
Raf　ラフロン神父による『ニコラ・バレの生涯』
Th　テュイリエ神父による『ニコラ・バレの生涯』

夜こそわが耀き——ニコラ・バレの生涯

この夜こそ　耀《かがや》く真昼《まひる》
人はここに
何も見ることなく　すべてを見
何も知ることなく　すべてを知り
恐れることなく　すべてを所有する

ニコラ・バレ「霊の賛歌」

1章　ピカルディの少年

アミアン　一六二一―一六四〇年

一六八六年五月三十一日、パリのミニム会修道院で一人の修道士が息を引きとった。それを知った人々は、口々に「聖者が死んだ。聖者が死んだぞ」と叫びながらパリの町中に触れまわった。

この知らせはまた、フランスの北から南へと、多くの村や町に伝えられた。

「彼が死んだ？　すると、あの事業はどうなるのだ？　今までのようなやり方でやっていけるのだろうか」人々はまずこう思った。彼は自分の創立した事業を全面的に神に委《ゆだ》ね、人間的な保障に支えられることを断わり続けてきたのである。

「どんなことがあっても、いつも平和でいらっしゃい。神に委ねていらっしゃい」これが彼、ニコラ・バレの口ぐせであった。この魅力に惹《ひ》かれた多くの若者たちが彼の事業に身を投じ、その冒険に賭けたのである。だが、彼が死んだとなると、今後、事業の純粋性を守り続けることができるであろうか？

これからどうなるであろう？ しかし将来はいつも過去のうえにあり、過去を顧みれば将来もみえてくるという。では、この話を始めるに当たり、歴史という巨大な織物の中に、新しい一本の糸が組みこまれたあの日に遡ってみることにしよう。


一六二一年十月二十一日、アミアン市に住むルイ・バレとアントワネット・ペレ夫妻のあいだに男の子が生まれた。幼な子はニコラと名づけられた。ニコラという名は、バレ家の中によくみられ、ここピカルディ地方に多い名でもある。

長男誕生！ それは父親ルイ・バレにとって家業の継続と繁栄が約束されたことであった。バレ家は数代前から雑貨商を営んでいた。当時の雑貨商は、魚、ろうそく、糸、羊毛、布地、染料、種子、石鹸などなど、文字どおりあらゆるものを扱っていた。祖父フィリップ・バレは、資産家の娘マリー・ラ・グールと結婚し、そのため、かなりの財を成した人で、バレ家の暮らしは裕福であった。

ニコラの母方も商家で、こちらは河岸に大きな看板を掲げたビール問屋であった。このような背景をみれば、バレ家の長男ニコラが進むべき道は、すでに、決まっているように思われた。

アミアンという町は河港の町である。平和な時代には繁栄していたが、その平和はまれにしか訪れなかった。イギリスから織物を輸入し、北フランスの穀物や、ボルドー、シャンパーニュ地方のぶどう酒を輸出する。パリからは百十キロ、交通の要地でもある。聖マルタンと聖ニコラの祝日には、たくさんの商人が集まり、一か月も続く市《いち》が開かれる。聖ジャン・バチストの祝日には、近隣の村人も加わってにぎやかな祭りが催される。

水が唯一のエネルギー源であり、運河は交通路として利用されていたが、皮なめし工、ビール醸造者、麻織維業者たちの流す廃液で、すでに公害問題を引き起こしていた。魚の多いソンム河は、人々に収入をもたらすと同時に危害をもたらした。たびたび起こる洪水が、町をひどく荒らすからである。

バレ家はアミアン市の有産階級に属し、堅固な信仰に裏づけられた、正直で良識ある家族という評判を得ていた。大市場あるいは草市場と呼ばれる広場に住み、家業の取引先は手広く、近隣の町々にも及び、親族の中には土地の有力者たちがいた。ニコラをとりまく環境は、根っからのキリスト教世界で、そのキリスト教は十七世紀初頭のフランスの動向と思想に強く影響されたものであった。

当時の商業は、農業に依存する地方経済と国家経済の変動に直結していた。だから、悪天候による凶作や、軍隊が通過したための不作というだけで、都市はたちまち影響を受け、パンの値上がり、購買力低下、失業、貧困という一連の結果を生む。経済政策は先を見通していないので頻繁に飢饉が起こる。アミアン市民の生活は常にこうした危険にさらされており、十年間無事に過ごせるということはまずなかった。

政治の面でも、一六一〇年、アンリ四世が暗殺されてのち、世の中はいっそう不安定になっていた。アンリ四世は、カトリックとプロテスタントのあいだに宗教的平和を生み出そうとして、一五九八年、ナントの勅令を出した人である。彼が暗殺されたとき、息子のルイ十三世はまだ九歳だったので、母であるマリー・ド・メディチが摂政となった。一六一七年（ニコラが生まれる四年前）には、宰相コンチーニが暗殺され、その翌年、国境周辺に戦争が始まった。いわゆる三十年戦争と呼ばれるものである。

やがて南フランスにも戦争が起こる。ルイ十三世は、かつてアンリ四世がプロテスタントに与えた要塞地を奪回しなければ国家が危ういと考えたからである。国家の統一を支えるものは宗教の統一にあるというのが彼の信念だった。しかし、この信念を達成するために、今後、どれほど多くの犠牲者がでることであろう。

都市のみならず、都市の周辺や地方に住む人々の暮らしも楽ではなかった。アミアン近郊のフォールヴィルで、ヴァンサン・ド・ポールが貧しい村人たちのための宣教活動を始めたという噂が市内にまで聞こえてきたのも、このころである。

宗教的無知から人々を救うためにも、貧困から人々を救うためにも、なすべきことは山のようにあった。貧しい人々は、バレ家の門前にもきて食べ物を乞うた。ルイ・バレとアントワネット夫妻は、かれらに惜しみなく援助の手を差しのべたであろう。しかし、さしあたって二人の心は、待望の、生まれたばかりの長男に奪われているにちがいない。

当時、子どもが生まれればすぐ洗礼を授けるのがふつうであった。しかし子供の健康や、代父母の留守などの理由で洗礼式が延期されることもあり、その場合には自宅で略式洗礼を授けておく。ニコラもこの二つの理由のいずれかによって延期され、正式の洗礼式は十二月十七日に行われた。その日の午後三時、ニコラは両親、代父の大伯父ニコラ・ゴネ、代母の曾祖母マリー・ラ・グールに伴われ、家からほど近いサン・ジェルメン教会に連れていかれた。

アミアン市の住民は五万足らずであったが、小教区は十三、大修道院は二十を数えた。カテドラルは美しいゴチック様式で、ステンドグラスや彫刻には、神の救いの歴史と地元ピカルディ地方の庶民の歴史が見事に表現されていた。それは、字の読めない人々にとって、わかりやすい書物だったのである。ニコラもやがて、ここで聖書の歴史とアミアン市民の歴史を目から学ぶことであろう。

これらの話はまた、母の口からも何度も聞かされるであろう。やがて、妹たちが生まれると、ニコラは妹たちといっしょに母の話を聞く。一六二三年にカトリン、一六二七年にルイズ、一六三〇年にフランソワズ、一六三六年にマリーと、ニコラには次々と妹ができたのである。

その間、政治的状況はいっこうによくならなかった。一六二四年、マリー・ド・メディチはリシュリュ枢機卿を王室顧問の一人に加えた。リシュリュは「王権およびその代理者に対する完全な従順」を国民に要求し、この政策をもって中央集権的政治権力を死ぬまで握り続けた。

一六二八年、ニコラが七歳のとき、アミアン市民は一つの事件を起こした。事のてんまつは、こうである。

政府の要人フランソワ・ド・ポムルという者がパリからアミアンにやって来た。彼の使命は、それまで地方自治体に委ねられていた行政官任命権を無視して、王から任命された行政官をアミアン市に着座させることであった。これが実現されれば、あらゆる商品に新たに税金が課せられるだろうという噂が市内に飛んでいた。商人や同業組合主たちは集会を開き、貧しい人々は結束した。ポムルの宿泊所を包囲し、反対抗議の挙にでようというのである。市の役人たちはこの動きを知っていたが黙認していた。

暴動は起こった。結局ポムルは宿泊所の庭をまわって脱出し、あわてて馬に乗り、一目散にパリにもどったという事件である。

しかし、市内の興奮はなかなか収まらず、戦々兢々とした空気がいつまでも漂っていた。小さいニコラはおとなたちの言葉を耳にし、その動きを目にしながら、人間として生きていくことの厳しさを、子供心にも感じとっていた。男にとっても女にとっても、人生は戦いなのだということがわかり始めていた。

経済的に恵まれていたバレ家に、生活上の困難が影を落とすことはまずなかったが、今、別の大きな不幸が近づいていた。妹のルイズが重い病気にかかってしまったのである。

病状は悪化する一方だった。医者は匙《さじ》を投げた。両親は神が何とかして救ってくださるようにと切に祈りながらも、覚悟を迫られていた。当時、子供の死は珍しいことではない。子供の四分の一は一歳未満で亡くなり、残りの四分の一は二十歳にならぬうちに世を去るという時代である。ルイズが死ぬのもやむをえないのであろうか。

ニコラはルイズを愛していた。だからルイズが死ぬなどということはとても耐えられない。ある日、彼が学校から帰ってくると、家の中はいっそう重い空気につつまれ、ルイズはいよいよだめらしいと告げられた。ニコラは胸がつまり、声を出すこともできず、そのまま自室に入った。そこには彼の小さな祭壇がある。彼が朝夕ひざまずいて祈る大事な祭壇である。

ニコラはその前にひれ伏し、泣きながら祈った。

「神さま、ルイズを治してください!」

突然、彼は心の底から、非常にはっきりした確信が湧き上がるのを感じた。

「神さまは祈りをきいてくださった! 妹は治る!」

彼は家族のもとに駆けつけた。そして叫んだ。

「ルイズは治る、ルイズは治ります」

涙にくれていた家族は驚いてニコラを見た。ニコラの確信は一同に希望を与えた。そしてしルイズはまもなく、完全に回復した。

この話は、ニコラ・バレの伝記作者、ラフロンとテュイリエ両神父によって伝えられたエピソードであるが、若きニコラの熱烈な信仰が浮き彫りにされている。のちに彼は「希望すべくもあらざるになお希望し」と言っているが、実に信仰の中にこそ、彼は生きる力を見出していたのである。

「たとえ、絶望への道をたどるかにみえても、なおも希望し続けよ。たとえ、神が私を殺そうとも、私は神に希望をおくと言えるほどに……」[MF12・13]

ルイズは生涯、兄に感謝していた。それは、兄のおかげで健康を回復したばかりでなく、兄から大きな霊的影響を受けたからでもある。のちに、アベヴィルのミニム会女子修道院に入った彼女は、よくあのときの出来事をなつかしそうに修友たちに話すのだった。

「私の兄は、私の父ともいえます。なぜなら病気の私に新しい命を与えてくれましたし、そのあと、恩寵の世界でも、もう一度私の父となりました。私がこの会に入ることができたのは、兄のおかげなのですから」[Th]

ルイズの病気が何であったのかはわからないが、当時、ペストがまるで風土病のように流行していたことは確かである。ペストといっても、強い伝染力をもつ恐ろしい病気を、すべてペストと呼んでいたのであろう。その犠牲者は、おびただしい数にのぼっていた。

アミアンでペストが流行したのは、まず一六二三年と一六二八年である。次いで一六三二年に再燃し、このときは三年間に二万五千人もの人が死んだという。

ニコラはそのころ、学校に通っていたが、ペスト流行のため学校もしばらく閉校された。司祭たちも伝染を恐れて、最も猖獗《しょうけつ》をきわめている貧困地区の患者たちに秘蹟を授けにいくことを断わり始めた。そこで教会当局は指令を出し、司祭の病者訪問を義務づけた。ペストからの解放を願う祈禱会や、九日間の祈り、信心行列などが次々と行われ、ペストからまぬがれることができれば、聖母マリアにこれこれのものを奉納するという誓いをたてる市町村すらあった。ペストがやっとおさまったのは一六三四年である。人々は盛大な行列をもよおして神に感謝した。

その後、一六三六年の秋から三七年にかけて、新しい伝染病が流行したが、そのときには、一週間で千四百人の死者がでたと記録されている。

ニコラの少年期、青年期には、このようなつらい出来事が次々と起こっていた。一六三五年二月十三日には、ソンム河が溢れ始めた。ある目撃者は次のように記している。

「洪水は夜の十時ごろ始まり、同月二十一日まで続いた。水はまず下町を覆い尽くし、ミニム会の教会では、主祭壇に達するほどだった。そのため神父たちは、しばらくのあいだそこでミサをあげることも、聖務日課を誦《とな》えることもできなかった。……多くの家が壊され、流された。水の上には人や牛や馬の死骸が浮いていた。六日間というものは、小麦をひくことができず、そのうえ、橋も流されているので輸送の方法もない。そのため市内の小麦の価格は一挙に吊り上がった」

その数か月後、今度は戦争が始まった。戦争は、人々の生活を貧困と恐怖と苦しみの中に投げこまずにはおかない。のちにニコラは、霊的戦いや使徒職の厳しさを書くことになるが、このとき見聞きしたさまざまな出来事から受けた印象が、その筆づかいに影響を与えているのではないかと思われるふしがある。それも当然であろう。

フランスは、スペインに宣戦を布告した。スペインは当時、ヨーロッパにおいて最強の軍備を誇る国である。そのうえ、スペインが支配権を握っているオランダは、ここピカルディ地方から遠くはない。そこでピカルディ地方の村民は、一六三五年九月以降、アミアン市内に避難し始めた。市内はたちまち人であふれ、スラム化した。丈夫な男たちは徴兵され、市の城壁警備に動員された。

一六三六年四月、貧困と飢え、あすへの不安に耐えられなくなった人々が暴動を起こしたが、それは軍隊によってひとたまりもなく鎮圧された。

この年、戦争はアミアン市の入口で停滞したままだったので、周辺の農民たちが市内に入ってきては、城外での虐殺や火事、強姦の話を市民に言いひろめた。そのため恐怖はいっそう深刻化した。アミアンから十七キロ離れたコルビーの町は、八月から十一月まで完全に敵に包囲されていた。

ちょうどそのころ、この地方一帯にペストが流行し、数千人の犠牲者をだすに至った。

ニコラは十五歳になっていた。彼は十歳のころ聖ニコラ学院に入学したと思われる。聖ニコラ学院はイエズス会が経営する学校で、多くの青少年が通っていた。

ニコラに初めて読み書きや計算を教えたのは誰だったろうか。母親か、家庭教師か、あるいは小教区付属の有料初級学校に通っていたのだろうか。確かなことはわからないが、聖ニコラ学院に入学するとき、彼にはすでにしっかりした教育の土台ができていた。

聖ニコラ学院の校長は、サン・ジュール神父であった。人々は彼を、「いかなる仕事をも熱心に果たす人、しかし、神について語り、人々に神を愛させることにおいて最も熱心な人」と評していた。

彼はまた、すぐれた霊的指導者でもあった。ガストン・ド・ランティをはじめ、当時の著名なキリスト教作家たちと親交を結び、彼自身も霊性に関する著書を数冊残している。なかでも、『わが主イエス・キリストの知と愛に関する論考』という著作は、十九世紀末に至るまで版を重ねた。

彼の思想は、ニコラ・バレにも深い影響を与えたにちがいない。

「主よ、われはわが無なることを喜ぶ。われ、無なればこそ、御身、わがすべてとなり得たまえば……」

少年時代に読んだサン・ジュール神父のこの言葉は、のちにニコラの生き方の指針となるのである。

当時の教育課程は、いわゆる「文法学」といわれるものを三年間、「人文学」を一年間、「修辞学」を一年間、「哲学」を二年間、「神学」を二年間履修することになっていた。

毎朝九時半ニコラは教室に入る。授業は次のラテン語の祈りをもって始められる。

「いつくしみ深き父よ、御子イエス・キリストの功徳によりて、われらに聖霊の賜物を注ぎたまえ。聖霊の光に照らされてこそ、われらの知性はすべてをより深く悟り、その知識をもって御身の栄えとわれらの善、教会の益に役立つを得ればなり」

教室で学ぶ青少年の年齢はさまざまで、人数はときとして百名にも達した。ある管区長は総長に宛てて次のような手紙を書いている。

「生徒が一教室に百名を越えますと、教師はひどく疲れ、学業の成果もあがりません。これほど多くの者を同時に指導するのは教師にとって無理です。生徒のほうも一クラスのうち四、五名は留年せざるを得なくなります」

生徒は十名ずつグループとなり、グループの中の比較的優秀な一人が班長となる。班長は、教師が教えたことをグループの者がどれだけよく理解したかを確かめる係りである。教師の役目は教科を説明し、勉学を励まし、生徒が獲得した知識を定着させることだった。

ほとんどの授業がラテン語で行われた。生徒はあまりノートをとらない。夜、教科書を読み直したり、教室で学んだことを思い出して書きとどめたり、暗記したりする。翌朝、班長は皆が暗記したかどうか調べ、教師は何人かに質問して理解の程度を確かめるのが常であった。

ニコラは課せられた勉学を几帳面に果たした。上級学年になると、リポートは教師だけでなく親や市の行政官にも提出し、かれらの前で、それについて口頭で論じなければならない。ニコラは優秀な生徒で、とくに雄弁学、数学、地理のリポートは教師たちの賞賛を博した。そのいくつかは学院やアミアン市立図書館、土地の名士デュモン家に保存されているほどである。[Th]

古典学に秀でていたニコラは、また科学や技術にも深い関心を示した。この分野の勉学に強く心を惹かれていたことは、後年、この時代の思いを「自分でもおさえがたいほどはげしい知識欲に駆られていた」[Raf]と自ら語っていることによって察することができる。

聖ニコラ学院で与えられる宗教教育は、堅固というよりはむしろ厳格であった。公教要理の説明には、しばしば聖イグナチオの霊操が引用された。生徒たちは毎日、午前の授業が終わるとミサにあずかり、希望者は信心会に入って祈禱会や修養会などの活動に参加する。信心会の多くは、聖母をとくに尊敬するものであった。

典礼暦に従って毎年行われる祭りに、生徒たちが無関心でいるはずはない。カーニバルの仮装行列は、教会から禁止されていたにもかかわらず盛んだった。土地の保護の聖人の祝祭日には縁日、競技、騎馬行列などが盛大に行われた。

このような騒ぎは、時代の空気が不穏になると、煽動的なデモと結びつき、暴動という形にまで発展する。戦争中、ルイ十三世とリシュリュがアミアンに滞在したときにも、好奇心から多くの人が集まった。気のはやい若者たちは、馬に乗って城塞までいき、戦争に備えて部署についている兵士たちを見たといって興奮するのだった。

ニコラの存在は仲間たちに、ある規制を与えていた。ニコラの前で誰かの悪口を言ったり、神を冒瀆することを、ニコラは許さなかったからである。

ニコラは、ごく幼いときから神に強く惹かれ、完徳にあこがれていた。聖性への道を歩むために、ときには神経質すぎるほど気を使っていた。イエズス会の学生の模範とされている聖アロイジオは、若くして貞潔の誓願を立てたといわれるが、同じような約束を、ニコラは十歳のときにしている。おそらく彼は、そのとき、その約束が何を意味するのか十分にはわかってはいなかったであろう。だが、とにかく彼は、絶対者なる神に心を奪われた若者だったのである。

その彼はまた、数世紀にわたって独立を熱望してきたピカルディ地方の庶民の息子でもあった。ピカルディ出身者は、忠実でまじめ、周囲をはばからず、ときには率直すぎるが、現実を見る目は鋭い。抽象的思考にすぐれ、ほかの人が端を開いた事がらを、改良・推進していく粘り強い意志をもった人たちなのである。

十九歳で学業を終えたときのニコラは、おそらくそのような若者であったにちがいない。父親のルイは、五人の子供のうちただ一人の男の子ニコラが家業を継いでくれそうにもないことを、もう大分前から感じとっていた。ニコラは司祭になりたいと思っている！（一六四三年にルイが亡くなると末娘のマリーとその夫ガブリエル・ブノアが仕事を引き受けたが、実際に店を継いだのは一六六八年、母アントワネット死後のことである）

ルイ・バレは深い信仰の持ち主であったから、生涯を神に捧げたいという息子の望みに反対はしなかった。

アミアンにはいろいろな修道会がある。ドミニコ会、プレモント会、聖アウグスチノ参事会、そしてニコラが通学していたイエズス会……

イエズス会は、優秀な生徒だったニコラが入会するのを期待していたかもしれない。ニコラの従兄アントワンも一六三五年にイエズス会に入会しているのである。

ニコラは最初「罪人の改心のために働くことを主な仕事としている会」に入るつもりだったという。それはイエズス会のことだったろうか？　あるいはドミニコ会のことだったろうか？「しかし、その会は修道誓願を立てるまでに、かなり長い年月を要することがわかったのでニコラは考えを変えた」とラフロン神父は書いている。

これはいかにもニコラらしい考えである。神にとらえられたこの純粋なピカルディの若者は、神に身を捧げようと決意したからには、一日も早くその望みを現実に移したかったのであろう。

ニコラは家の近くにあるミニム会修道院を知っていた。叔父の一人フランソワはミニム会の修道士で、コンピエーニュにある修道院に住んでいたが、ニコラが八歳のときに亡くなった。ニコラの家族が、その叔父のことや、その修道会の苦行生活についてよく話していたのをニコラは聞いていた。

ニコラは決意した。「ミニム会に入ろう！」

父は修練院に入るときに納める、規定の一千リーブルを用意し、母は修道院で必要な衣類をそろえた。聖フランソワ・ド・ポールの弟子となるべきわが子ニコラを、ミニム会修道院の門まで送っていったときの、両親の感慨は、どれほど深いものであったろうか？

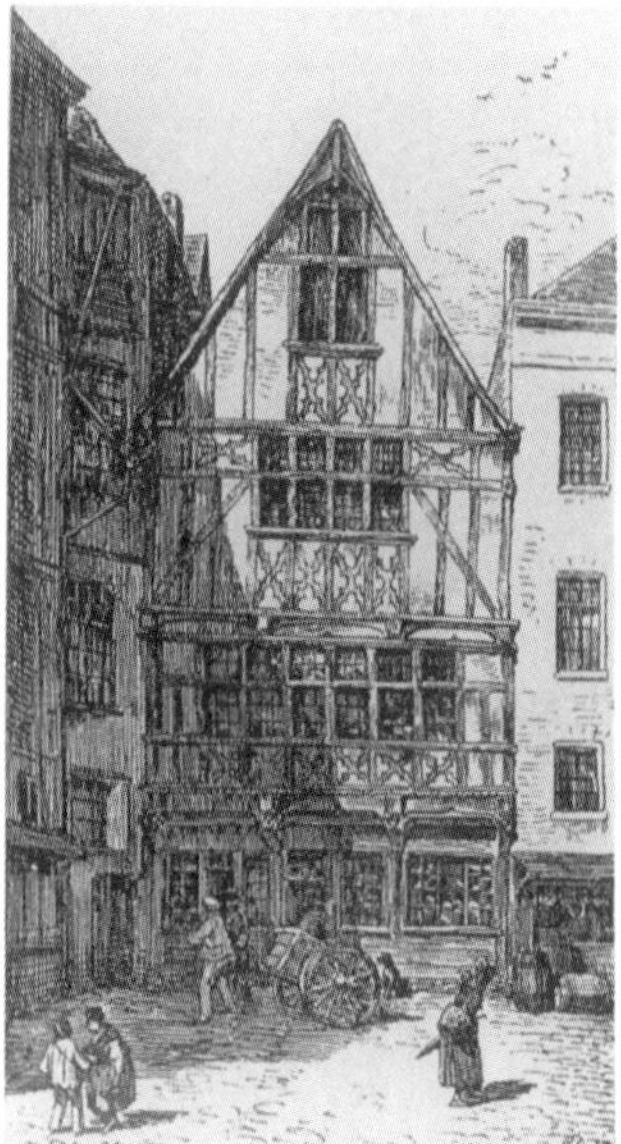

17世紀のアミアンの町。商家の多いこの広場の近くにニコラ・バレの生家があった。

2章　若者の選び

ニジョン―ヴァンセンヌ　一六四〇―一六四三年

ニコラは十九歳であった。彼は望みさえすれば金持ちの商人になれた。立派な行政官にも、著名な科学者にもなれた。だが彼は、ミニム会の修道院の戸を叩き、自分を志願者として受け入れてくれるよう乞うた。

カリタス（愛）というミニム会の標語が彼の心をとらえたのだろうか、「罪人の改心のために苦行生活をおくる」というこの会のカリスマが彼の渇望に応えたのだろうか。この会の修道士はその名のとおり、万事においてミニム（小さい者の中の最も小さい者）とならねばならないことを、はたして彼はどれだけわきまえていたであろうか。また、ミニム会は学問を重んじる会だとはいえ、それは説教に必要な学問に限られていることを承知していたであろうか。

創立者聖フランソワ・ド・ポールは次のように書いている。

「本会においては、いかなる者も博士の地位に就いてはならない。また、ほかのいかなる学位をも取得してはならない」

アミアンの有力者たちから、つとに賞賛を得ていたニコラは今、小さき者となることによって、真に偉大な者となるべく、その一歩を踏み出した。


ところで、彼が選んだミニム会とは、どういう修道会であろうか？

ミニム会の創立者、フランソワ・ド・ポールは、一四一六年三月二十七日、南イタリアのカラブリア地方、パオラのマルトチーラ家に生まれた。若くして隠遁生活に入り、祈りと苦行に専念していたが、彼の聖徳に惹かれた若者たちが集まりきたり、心ならずも彼はこの集団の長とされた。貧しい者に対する愛、祈り、そして癒しの力はやがて国外にも評判となり、ついにフランス国王ルイ十一世の耳にまでとどいた。

国王はこの聖徳高き人に自分の病を治してもらおうと、フランソワ・ド・ポールをプレシ・レ・トゥールの城に招いた。しかし、彼はその招きに応じなかった。そこで王は、教皇シクスト四世に仲介の労を頼んだ。教皇は当時の政治的状況からフランス国王の依頼を断ることができず、フランソワ・ド・ポールにフランス行きを命じ、命令に従わなければ破門するという態度をとった。

フランソワは従った。そして、ふたたび見ることのない故郷カラブリアをあとにした。このとき彼は六十七歳であった。

一四八三年、フランソワはプレシ・レ・トゥール城に着いた。彼は王が望んでいたように病気を回復させはしなかったが、王が余生を正しく過ごし、キリスト者にふさわしい死を迎えることができるように助けた。

王の死後、フランソワ・ド・ポールは宮殿の庭の一隅に庵をつくってもらい、パオラにいたときのような隠遁生活をおくった。それは孤独と祈禱と苦行の生活であったが、ここでも彼を慕って庵を訪れる人が早朝からあとを絶たなかった。フランソワは彼らとともに祈り、何につけても、「ペル・カリタ（愛によって）」と言うのが常であった。彼によって治癒と改心の恵みを受けた者はおびただしい数にのぼる。

やがて、パオラのときと同じように多くの弟子が集まってきたため、国王シャール八世は彼に一つの修道会を創立させた。シャール八世が一四九八年に亡くなると、次のルイ十二世もこの修道会を保護し、王室財産の一部を施した。

修道生活も、一般信徒の信仰生活も衰退していたこの時代に、ミニム修道会が出現したことは、ヨーロッパの教会にとって一つの光明となった。フランソワ・ド・ポールの生き方は、王や政府の要人の前で、貧しい人々を擁護し、謙遜と苦行と愛徳をもって人々の改心を促し、倦《う》むことなく祈禱に没頭して、世の名ばかりの信徒たちに、神にたちもどる道を明らかに示すものであった。彼が死ぬころには、ミニム会修道院は三十二を数え、そのうち十三がフランス国内にあった。

ミニム会修道士は庶民に愛され、人々からも「ボンゾーム（善良な人たち）」と呼ばれていた。これは、フランソワ・ド・ポールがまだ生きていたころからのあだ名で、かれらの単純な生き方と、人のよさから自然に生まれたものだった。確かにかれらの生き方は、当時の大修道院の生活とかなり違っていた。しかし、それはやがてきたるべき修道院改革に大いに貢献することになるであろう。

ニコラ・バレがミニム会修道院の戸を叩いたのは、この会の最隆盛期であった。修道院の数は四百五十七、そのうち百九十はイタリアに、百五十六はフランスにあった。王室からの恩顧はまだ続いていた。大部分の修道院は創立者の意図に従って、質素な生活をおくっていたが、王室から受けた「基本金」が生む収入や、さまざまな寄付や贈与によって、会はいつのまにか大地主になっていた。

修道士の中には、知的探求の魅力に惹かれて、学問にのめり込んでいく者もいた。それはとくに「この世」についての新しい解釈が次第に力を得ようとしているこの時代、科学と信仰との関係を究明する必要に、いち早く気づいた修道士たちだった。とりわけ、メルセーヌ神父、メーニャン神父、ニスロン神父は著名である。

やがて、ルイ十三世の時代になると、パリのロワイヤル広場にあるミニム会修道院は、当時の錚々《そうそう》たる学者たちの集まるサロンの一つとなっていった。

ニコラ・バレは、ミニム会を選ぼうとしたとき、このような状況を知っていたであろうか？　知的で、人間としても成熟し、判断力を備えていたこの若者が、思慮もなく自分の進路を決めたはずはない。フランソワ・ド・ポールが掲げる理想に惹かれ、会則を知り、アミアンの貧しい修道士たちの生活の証しを見たうえで決断したのであろう。その彼が、富や経済的安定が、どれほど神のみ業《わざ》を妨げるものであるかに気づくのは、もっと先のことである。

ニコラがアミアンの修道院に志願者として入会を許されたのは十月であった。彼が幼いころから聖堂を訪れ、たびたび「ボンゾーム」の姿を見てきたこの修道院は、フランソワ・ド・ポール存命中の一四九八年に建てられたものである。最初に住んだ修道士たちは、フランソワ自身によって指名された人々であった。

アミアンにミニム会の創立を請願したのは、この地の司教ピエール・ヴェルセ、建設のため私財を投じたのはルイ・ド・エドヴィル氏、完成した修道院は「お告げの修道院」と名づけられた。アミアンにあるほかの大修道院とくらべれば、比較的小さくつつましい修道院ではあるが、市の内外から多くの若者たちが入会していたことからみると、この修道院はきわめて立派に運営されていたように思われる。

ニコラがここで暮らしたのは、ごく短期間であった。ここで召命が確かめられると、次いでパリ近郊のニジョン（現在のパッシィ）に送られた。それは、おそらく一六四〇年十二月、あるいは翌年の一月であったろう。ニジョンの「すべての恩寵の母なる聖マリア聖堂」で黒い毛織の修道服を受けた彼は、いよいよ修練期を始めることになる。ミニム（小さい者の中の最も小さい者）と自ら名乗る人々の生き方を実際に見習うときがきたのである。

ニコラとともに修練期を過ごした仲間は、ジェラード・ヌリ、アドリアン・ドゥルエル、ルイ・トファァ、フランソワ・ド・ボークであった。

修練期というのは、修道者となるためにひたすら養成に打ちこむ期間で、修道院からも切り離された別棟で生活する。修練者はまず、苦行と断食の生活に本当に惹かれているのか、神への道を妨げる一切のものを棄てる覚悟があるのかどうかについて問われる。ミニム会士の生活の中心は苦行だからである。

ミニム会士は、この苦行生活によって「神の国は近づいた。悔い改めよ」という福音的勧告を、世と教会の前に証ししようというのである。ミニム会士として賭けたこの改心の道を歩みつつ、かれらは人々に説教し、赦《ゆる》しの秘蹟を与え、救いをもたらす者となっていく。祈り、苦行、愛徳、この三つの言葉がミニム会の生活を要約するといってよい。

ミニム会士はミサ聖祭のほかに、時課を共同で誦え、念禱の務めを果たす。フランソワ・ド・ポールは、最初の会則の中に次のように書いている。

「修道士は、祈りに全力を注がねばならない。口にする言葉の意味を悟り、その意味を心に深く味わい、その味わいによって熱心を燃えたたせ、その熱心に調和を与え、調和から謙遜に導かれ、謙遜によって精神のまったき自由に至るように祈るべきである」

聖なる務めである時課の祈りは、夜半に聖堂内陣に集まり、朝課をもって始められる。次いで朝四時に賛課を誦える。その他の時課は一日のあいだにそれぞれ割り当てられ、夕方六時の終課をもって終わる。創立者はこの毎日の聖務歌誦を、ごく単調な誦え方で誦えるようにと指示していた。

ニコラは、修練期に、念禱についても養成された。念禱は、会則が「修道生活の頂上」と呼ぶものである。

「義人の純粋にして倦むことなき祈りは大いなる力である。その祈りは忠実な使者の如く、肉なる人間には到達し得ぬところにまで至り、その使命をまっとうする」

フランソワ・ド・ポールは、念禱を何よりも優先させることで、自分がパオラの洞窟で実践した沈黙、孤独、観想の体験をミニム会士たちに得させようとした。若き修道士ニコラも、今、この学びやの中にいる。彼はやがて出会うであろう試練のとき、疑いのとき、あるいは使徒活動のさなかにも、けっして観想をなおざりにせず、観想の泉から力を汲みとる習性を、身につけようとしている。のちに彼は次のように書くであろう。

「霊的指導者の多くは、霊的指導をするために必要な助けを書物の中に求めようとします。たまにはそれもよいでしょうが、それが最も確かな方法だとは言えません。書物は、からっぽの水槽、あるいは腐敗した水の入った水槽である場合があります。だから泉に近づいて、泉から、生ける水、生かす水を汲み出すほうがはるかによいのです。もし霊的指導者が念禱の人でなければ、人々に与える助言や勧告を、どこから汲み出すことができるでしょう」[MD18]

フランソワ・ド・ポールの友の一人、エチエン・ジョリは「創立者の生涯は、たえざる念禱と黙想から成り立っていた」と評しているが、ニコラはこの師にならってイエスに従おうとしていた。神とともなる生活、神の現存に生きる習性を、ニコラは前々から身につけていたが、修練期はそれをいっそう深いものとする期間であった。

のちに彼は次のように書いている。

「まず神を求めましょう。他の恵みはそのあとについてきます。しかし、目的に達したと思ったらすぐやり直さなければなりません。もうこれで十分などということは絶対にないのですから。求めれば求めるほど、もっとよく見出せます。一度目よりも二度目、二度目よりも三度目のほうが、もっと積極的に求めるでしょう。神を所有すればするほど、私たちはいっそう神に飢え渇くのですから……」

彼はまた、神を求めて歩んでいく過程を、次のように描いている。

「神を探そう

遙か遠くに　ちらっと見つける
神に近づく
驚愕して見つめ、へりくだって仰ぎ
愛と信頼をこめて見入る
神に　語りかける

聴く
腕を差しのべる
抱きしめる
愛に沈む
神のうちに　消え
神のうちに　変容する」［L4］

修練期はまた、愛に促された厳しい苦行生活を見習う期間である。ミニム会士にとって、苦行は祈りに直結したものであり、神のみに開かれた謙遜な魂が、徐々に解放されて真の観想に至るための道である。苦行が本当に福音的に実行されるならば、苦行は人を深い委託の精神へと導くであろう。会則が求めるあの委託の精神である。

「ミニム会士は、その貧しさによって、この世の主となる。彼は神に徹底的に委ねたので、万民におよぶ支配権を、信仰によって、神のうちに所有する」

苦行は、すべて世間的なものからの逃走である。「世俗の虚栄、名誉、評判、過ぎゆくこの世のおごり、はかない栄耀と富、これらをすべて憎むべし」とフランソワ・ド・ポールは兄弟たちに言っている。

ミニム会士の具体的な苦行は、ミニム会士が宣立する四番目の誓願の中にある。それは、一年を通して四旬節と同じ生活をするという約束で、ニコラも今、ほかの仲間たちとともにその誓願宣立の準備に励んでいる。誓願によれば、ミニム会士は一切の肉、卵、チーズ、乳製品をとらず、規定された日には断食を守ることになる。

このような食生活は、現代の栄養学者たちにとって大きな驚きであろう。菜食主義者は感心するかもしれない。しかし、これはミニム会のダイナミックな霊性の中でこそ、はじめて意味をもつものである。フランソワ・ド・ポールはしばしば断食をし、板の上に眠り、草や根を食し、彼から慰めや助言、改心や治癒の恵みを得ようとして訪ねてくる人々を少しもうるさがらずに迎え入れていた。それは、ただひたすらに、キリストの愛を十全に生き、キリストの模範にならうためであった。

ニコラ・バレは、この自発的制欲の道を、生涯にわたって、さらに押し進めていこうとする。彼は「誰にも気づかれないようにして」[Th] さまざまな苦行を自分に課した。

「一粒の麦が死ななければ、ただ一粒のまま残る。死ねば豊かな実を結ぶ。霊的指導者も同じであろう。世間に死に、自分に死んでいなければ、つまらぬ実しか結べない。イエスが人類を創造主のほうに向け直すことができたのは、ご自分のいのちと引き換えではなかったか。とすれば、神のご計画に協力すべく招かれた者は、一体何をなすべきで

あろうか」［MD15］

この言葉は、彼が修練者としてこの道を歩み始めたころを想起して書いたものである。会則を学び、黙想し、深め、真の弟子となるためにすべてをすてる決意を固めつつ、ニコラは若き日の情熱を傾けて修練に励んでいた。

修練期は、使徒活動や奉仕活動に直接たずさわることはないが、修練者はキリストへの愛を深めることによってそれを準備する。ニコラは、罪人の改心のために働きたいという強い望みに駆られてミニム会に入ったが、誓願宣立の準備が進むに従って、この望みは、いっそう強くなっていった。

やがて養成第一年目の終わりが近づくと、彼はミニム会の慣習に従って、誓願宣立の許可を願い出た。正式に誓願を宣立すれば、修道士は自分の名のあとに「不肖なるミニム会士」という肩書をつけ加えることができる。その恵みが、ニコラに与えられる日は、さほど遠くはないであろう。

一六四二年一月三十一日、「すべての恩寵の母なる聖マリア聖堂」において、ニコラは荘厳誓願を宣立した。次いで、パリに近いヴァンセンヌ村の「諸王の母なる聖マリア修道院」に派遣され、今度はそこで司祭になる準備を始めることになった。

この修道院は、一般庶民の住む地区に建てられた貧しい修道院であった。ニコラがここに留まって養成を受けること十七か月、一六四三年二月二十七日には副助祭に叙せられ、九月にはヴァンセンヌを去ってパリに赴いた。

養成期間中、修練士たちは世間から厳しく隔絶されているが、国中をゆり動かすさまざまな出来事の噂が、若者たちの耳に入らないはずはない。戦争はまだ続いていた。リシュリュへの抵抗は一段とひどくなった。

一六四二年、彼が死ぬと、そのあとルイ十三世の母后マリー・ド・メディチも亡くなり、翌年には王自身この世を去った。ルイ十四世はわずか五歳、母のアンヌ・ドートリッシュは野心家マザランを宰相にして国政を握った。マザランはフランス国籍をもつイタリア人教皇使節で、リシュリュに招かれて政府に入った人である。万事、案じられることばかりであった。

教会自体もさまざまな論争に巻きこまれていた。その論争はヤンセニストの論文が、教皇庁から断罪されたことに端を発していた。とくにポール・ロワイヤル修道院をめぐって緊張関係が強かった。それは、そこに住むサン・シランという者の「純粋だがコチコチの」ヤンセニスムが原因である。

この論争はその後、数年に及び、あらゆる修道会が大なり小なり影響を受けた。ミニム会は一六五〇年に総会を開き、ヤンセニスムの教義十二箇条を拒否すると公に宣言し、教皇庁に対する忠誠を表明した。

一方、フランス国内には、カトリック教会の改革を呼びかけたトレント公会議から約一世紀を経て、ようやくその結果が芽生え始めていた。この動きは、霊的刷新をはかろうとしているミニム会士にとって喜ばしいものだったに相違ない。イタリア、スペインにおいては、すでに公会議の成果が実り始めていたのである。

パリのサン・スルピス小教区の主任司祭オリエ神父が、神学校で教鞭をとる司祭たちの養成にのりだしたのは、ちょうどニコラが叙階準備のためにヴァンセンヌに着いたころであった。ヴァンセン・ド・ポールによって養成された司祭たちが、各地方で宣教成果をあげているという嬉しい評判も遠くから聞こえてきた。

「ときがきた」とニコラは思った。宣教の使命を実際に果たすべきときがきた。彼がミニム会を選んだのは、ミニム会固有の使命が、庶民階級の人々への福音宣教だったからではないか？　あまり長い準備期間を要せずに誓願が立てられ、早く使徒職につくことができるからではなかったか？　今こそ使徒の一人となり、フランスの教会のために働きたい、多くの人々を救いたいと彼は切望していた。

しかし、会の長上たちが彼を派遣しようとしていたのは、彼の望む「小さな人々」のもとではなかった。この若者のすぐれた知性、見事な識別力、神学・哲学に対する姿勢の確かさ、明晰さ、率直さを、長上はよく知っていた。彼はいるべき場はすでに決まっている。それは、当時、名だたるプラス・ロワイヤル大修道院である。

ルアンのミニム会修道院の門柱に彫られているフランソワ・ド・ポールの面影。

3章　神に渇く

プラス・ロワイヤル　一六四三―一六五七年

ミニム会士が、パリに入ったのは一六〇五年である。かれらはきわめて貧しく、修道院を建てる資金をもっていなかった。ところがアンリ四世が亡くなったあと、マリー・ド・メディチが、この修道院の創立者となることを引き受けた。創立者となるということは、王妃が自分の収入の一部を定期的に修道院に寄贈し、それによって修道院が維持されていくということである。王妃にならって、ほかにも何人かの寄贈者があった。しかし建設計画が非常に広大であるうえ、当時の政治的混乱が災いして、工事は遅々としてすすまなかった。

一六四三年、ニコラがこの修道院に派遣されてきたとき、ミニム会の聖堂はまだ完成されていなかった。聖堂は著名建築家、マンサールの傑作であるが、その見事な正面玄関がようやくできあがるところで、全体の完成はまだ数年待たねばならない状態であった。内部装飾には、当時の最高の画家ミナーと、ジューヴネが腕を振るうはずであった。

場所はマレという上流階級の住む地区で、豪華な邸宅が並び、教会に出入りする人々も上流階級に属していた。最も身分の高い貴族たちの野心は、聖堂の脇祭壇の一つに墓所をもつことであり、著名な説教家は、いつかここで自分の説教を聞かせたいと思っていた。

もちろん、この聖堂や修道院に出入りする者の中には、まじめな信者がいたにちがいないが、なんといっても王室の恩顧を蒙っているだけに、ここが世間的な場となることはまぬがれなかった。ときおり、王妃が晩課の祈りにくることを聞くと、好奇心にあおられた諸侯や宮廷の貴婦人が押し寄せ、やがて聖堂は優雅な逢いびきの場となり、かれらの饒舌と身なりがスキャンダルを引き起こすことになる。

かれらは神のみ言葉を聞くよりも、説教者の雄弁を聞くために、まるで劇場にでもいくようなつもりで聖堂にやってくる。かつて一六四七年ごろには、物乞いたちの暴動を防ぐために、一人のスイス人を雇ったというこの聖堂が、一六五四年の修道院記録を見ると、取り締まるべきは情事と宮廷人であり、この年、聖堂内でのスキャンダルを防ぐため、とくに日曜、祝祭日には警察の協力を求めなければならなかったという。

プラス・ロワイヤル修道院の内部においても、ミニム会士がミニム会士として要求される修道生活を十全に生きていくことが容易ではなくなっていた。何人かの修道士は、知的エリートに属していた。かれらは高位聖職者や宮廷人から助言を求められればそれに答え、相談にのらなければならない。

当時の社会風俗をすぐれた観察眼をもって描写したセヴィニエ夫人は、これらのミニム会士自身、追従たっぷりの宮廷人になっていると批判している。たとえば、何人かのミニム会士が論文を書き、それを王に献呈しているが、かれらは王を神とくらべている！「しかも」とセヴィニエ夫人は言う。「しかもかれらは、神はルイ王のコピーでしかないような書き方をしているのだ！」

だが、このような生き方は、パオラの謙遜な隠遁者の望むことではないと思い、極力この道に引きずりこまれないようにしていたミニム会士もいる。たとえば、シャール・ル・ロアがそれである。彼は非常に謙遜な人であったが、説教家として高く評価され、賞賛を浴びていた。そのため彼は、説教壇を去って庶民の公教要理に身を投じ、かれらのための要理書をつくることに専念した。

プラス・ロワイヤル修道院の名声を高めた第一人者は、おそらくメルセーヌ神父であろう。彼は背が低く、からだは湾曲し、目はくろぐろと光っていた。深く聖書に通じ、多くの学術書を著わし、デカルトをはじめヨーロッパ諸国の学者たちと親交を結んでいた。パスカルの友人でもあり、数学、物理、音楽など、あらゆる分野の研究に情熱を傾け、とくに引力、音波の実験に力を注いでいた。

毎週日曜日の午前、彼の部屋にはパリの最高の学者たちが集まった。メルセーヌ神父と同僚で、数学者として、また眼鏡づくりで有名なジャン・フランソワ・ニスロン神父も同席した。そこではメルセーヌ神父の上手な発題に導かれて、さまざまな問題が活発に討議され、展開されていった。

「学問は、神に向かう道となりうる。理性は信仰を妨げるどころか、信仰を支えるものとなりうる」というのがメルセーヌ神父の持論であったが、彼が打ち出した機械論的体系は、教会が公式に認可しているトマス哲学に相反するのではないかという問題が、かれらの討論を沸かしていた。

ニコラ・バレの知性の広がりと深さを高く評価していた長上たちが、彼がまだ学生であるにもかかわらず、プラス・ロワイヤル修道院に派遣したことは、こうしてみると納得がいく。ニコラを、知的エリートのいる共同体《コミノテ》のメンバーとして、そこで働きながら司祭になる準備をさせようという配慮であったろう。

ニコラは若いころから「高度の学問に興味をもち、あらゆる学問の原理を容易に理解し、さまざまな人と討論を交わすのを大きな喜びとしている」と思われていたではないか？　また、彼はこうも言っていた。「あらゆる人を神に導くため、使徒職にたずさわる一人の人間が、なんでも知っていることはきわめて有益である」［Th］

若きミニム会士ニコラ・バレは、このプラス・ロワイヤル修道院において最良の師に出会い、人々から賞賛を受けるにちがいない。ラフロンはまた、次のようにも書いている。

「まもなく彼は、哲学・神学の奥義を究め、すばらしい進歩をとげ、その明晰な頭脳は、師から学ぶ以前に、いくつもの立派な教義を発見していたので、彼はやがて思弁界の泰斗となるであろうと誰もが考えていた」


もう一人の同僚、テュイリエ神父も同様な証言をしている。

「彼はやがて同級生のレベルを越え、教師にも導くことのできなかった高いところまで自分で進んでいった。彼にとって学問の奥義に分け入るのはいとも簡単なことのようにみえるので、彼はきっと非常に有名な人物になるであろうと、誰もが思い始めていた。彼のすばらしい能力を確認した者は、いったい彼はこのような知識を勉学によって得たのか、あるいはプラトンにいわれているように、かつて取得した知識をただ想起するにすぎないのかと思うほどであった」

一六四四年から、ニコラは後輩に哲学を教えることになった。二十三歳で、まだ司祭に叙階されていなかった。彼の司祭叙階の日付は記録が失われているために明白でないが、一六四五年十月から一六四六年九月のあいだである。司祭になると、責任のある仕事が急にふえた。まずほかのミニム会士と同様に、説教をすることと告解を聴くことが課せられた。一六四七年からは神学教授、三十歳になると修道者の告解を聴く権限も受けた。さらに一六五三年十一月からは、神学教授のかたわら、図書館係りに任命された。彼は一万五千冊の蔵書を分類する責任者となったのである。

この図書館には、多くの研究者が訪れた。ニコラは彼らの望みに応じて書物を提供する。この係りは、彼自身の学問を広げるよい機会にもなった。

かつてこの若者が、家族と学歴によって彼に開かれている出世の道をふりすてて、アミアンのミニム会修道院の戸を叩いたとき、彼が抱いていたあの謙遜と苦行への渇望、そして今、この若きミニム会士のまわりに高まり始めた名声とのあいだには、一見、大きな矛盾があるように思われる。ニコラ・バレはそれを知っていたし、それを言葉にもだしていた。

「学者たちは、大きな池にたとえられる。池には水がたっぷりたたえられているようにみえる。しかし、神の特別な助けがなければ、水はいつのまにか汚染されてしまう」[MTP145]

フランソワ・ド・ポールの教えに忠実であるニコラは、次のようにも書いている。

「学問は、聖人になるための大きな妨げである。学問は、良心を照らす限りにおいては有益であるが、自愛心と傲慢を養うものでもある。精神の病は、肉体の病よりももっと癒しがたい。まったく神のものとなるためには、最も小さいものにならなければならない」[MTP144]

「父なる神はほめ称えられますように。あなたは神の奥義を学者・知者に隠し、最も小さい者に表わしてくださいました」とイエスはいわれたが、このみ言葉を理解できる学者・知者はまれである。もしいれば、その人々は聖者である。

ニコラはこの道を進もうとする。しかし、そのためには祈りと苦行という厳しい戦いをひき受けなければならない。彼は毎日三時間から四時間を念禱にあてる。責任のある仕事がふえるにつれて、昼間それだけの時間をとることがむずかしくなる。そのため睡眠時間を短くする。彼は、友であり、自分と同じく神学教授であるエチエン神父に、後日、次のような手紙を書いている。これを読むと、ニコラ自身、神学を教えるという任務をどのようにして果たしていたかがわかる。

「神学を教えるに当たって必要なことは、日ごろから、永遠の真理に従って生きるように努め、自分は、神に依存していなければ生きていかれないということを本当に深く感じていなければなりません。そして、何をしていても、一日たりとも念禱を省いてはいけません。念禱なしでは万事が狂ってしまいます。たとえ、どれほど貧しい念禱でも、それは私たちを高め、支え、豊かな祝福を、ひそかに私たちのうえにもたらしてくれるのです。念禱なしに祝福はいただけません。念禱によって、勉学の時間が失われると思ってはいけません。そんな心配はいりません。念禱によって勉学は、もっと高尚なもの、もっと広がりのある、もっとしっかりしたものになるのです。念禱の中で神と交わることは、いっそう深い神的認識をあなたに得させるのです。このことは、もうあなたもご存知でしょうが、さらによくわかるようになると思います。念禱は、学者の手の中にある、紙の本、死んだ本とはまったく違う効果をもたらすのです」[L18]

フランスは、ここ数年間、ひどい苦難の時代であった。プラス・ロワイヤル修道院もその影響を受けずにはすまないであろう。一六五二年、ポール・ロワイヤル女子修道院の院長アンジェリック・アルノーは次のように書いている。

「フランスはまったく荒れ果てました。苦しんでいない地方は一つもありません。パリとその近郊が最もひどい仕打ちを受けました。周辺の村々は砂漠のようです。残っていた住民は森に逃げこみ、ある者は飢えて死に、ある者は兵隊に打ち殺されました。エタンプという地で激戦が起こり、多くの負傷者がでましたので、サン・ルイ病院に収容しましたが、周辺の破壊、荒廃のありさまは筆舌に尽くせません。麦畑は踏みにじられ、ぶどうの木は抜きとられ、村は焼かれました。パリでは小麦粉がなくて困っていますが、黒パンでさえ一斤十ソルもするのです。私たちのところにはあと五日分しか残っていません。小麦があっても、製粉機を兵隊に盗まれたので、挽くことができないのです」

しかしながら、パリのミニム会修道院は、たくさんのミサ謝礼を受け、その恩恵で生活しているため、このような苦しみを知らずに過ごしていた。そうでなければ、どうしてあれほど広壮豪華な建築ができたであろう。

修道会のこのような富は、もちろんミニム会のみならず、このあたりのほかの修道会も、多かれ少なかれ、同じような寄進によって支えられていたのであるが、こうしたことは、地元の主任司祭とのあいだに軋轢《あつれき》を引き起こさずにはおかない。

その地元のサン・ポーロ小教区にマズュール神父が主任司祭として赴任してきたのは一六四一年であった。法律家でもあり神学博士でもある彼は、ミニム会と小教区に関するいくつかの問題が、すでに十二年前から教皇庁の介入を必要とするほど悪化しているのを知り、この長い対立関係に、どうしても終止符を打たなければならないと思った。ミニム会修道士たちが、頼まれて説教をしたり、ミサを捧げたり、告解を聴いたり、葬儀を引き受けたりする回数が多ければ、小教区の収入がそれだけ少なくなるのは確かなことである。それは小教区にとって、決して小さな問題ではない。

マズュール神父の強い性格を知っていた近隣小教区の司祭たちは、ミニム会があのようになんでも引き受けるのをやめるように運動してほしいと彼に頼みこみ、ここにミニム会とマズュール神父との間の係争が表面化した。

この問題は一六四一年、国会に持ちだされ、ようやく解決をみるのは一六五八年である。ちょうどこのころ、ニコラはパリに暮らしていた。この問題が、彼の心中に深い影を落としたであろうことは想像に難くない。

実際ミニム会修道院に死者の柩《ひつぎ》が運びこまれるたびに面倒なことが起こった。ときには、道のまん中に柩を置いたまま喧嘩が始まることもあった。

マズュール神父はなんとかしてミニム会を自分の支配下におこうとし、ミニム会はミニム会で、小教区や主任司祭からまったく自立しているはずの修道会の立場を固持しようとした。一六四四年五月三十日に行われた教区の聖体行列のときなどは、ミニム会の聖堂前に仮祭壇を設けるようにとマズュール神父から命じられていたにもかかわらず、修道士たちは何も準備せず、ただご聖体が通るときに香を焚くだけですませた。それを見た行列の中のある者たちはおもしろがって笑い、ある者たちは憤慨し、それぞれ自分の支持する側に立って反応を示した。

一六四五年、国会は一つの法令を出した。小教区と修道院の特権、義務、葬儀や行列のやり方を明示し、収入・支出の配分を取り決め、これによって双方の関係を円滑にしようとした。しかし、一六五八年までは、修道士と主任司祭とのあいだになお対立意識が残っていた。

ニコラは悩んでいた。このような敵対意識や金銭欲は、神に対する崇敬をゆがめ、福音の教えにまったく矛盾するではないか。しかし、こうした状況の中で、彼にできることは祈ることしかなかった。彼は祈った。できるだけ祈った。ある人々に言わせれば、祈りすぎるほど祈った。同僚に気づかれないよう、暗くて寒い聖堂で夜中祈っていた。もちろん、彼は、自分がほかの修道士とはちがうと自負しているのではない。自分も改心しなければならないことを知っている。だからこそ祈っていた。

「主よ、私の石の心を砕き、粉砕してください。その粉をこね、新しい石としてください。まことの石はキリストです。あの、かつての自然的な頑固さではなく、善を行うために必要な、超自然的な堅固さを、どうぞ新しい心に与えてください」[MTP15]

彼は絶対者への渇きにうながされ、全身全霊こめて苦行に打ち込んだ。一般に情欲を制する道具と思われている鞭や苦行衣の使用について、会則はとくに規定していないが、この時代の修道士たちは、これらの道具を使って苦しみを捧げ、ある人の改心を願ったり、聖性への妨げと戦ったりしていた。

バレ神父もこのような苦行を実践する者の一人であった。しかし、いつもやさしく親切で、どんな要求にも快く応じてくれるこの若者が、そのような苦行の人であるとは誰も知らなかった。だが彼は、健康を損なうほどの苦行と制欲を実行していたのである。彼はわずかしか眠らず、ときには机に向かったまま仮眠をとり、眠るときにはベッドの代わりに板の上に横になった。粗食に甘んじ、あるときはほかの人々がするように灰をまぜて食した。

当然、体力は衰えていった。ついには病に倒れた。心配する長上たちに、彼はほほえんで言う。「ご安心ください。こういう体調は私の霊魂のために一番よいのです。イエスはパウロに言われたではありませんか。『私の力は、おまえの弱さにおいてこそ現われる』〔Ⅱコ〕と」

やがて、司祭職も満足に果たせなくなった。話す気力も、人の言葉を聞く力もなくなり、勉学にも耐えられなくなった。今日の言葉でいえば神経衰弱だったかもしれない。

ここまでくると長上は、彼にすべての苦行を禁止せざるをえない。彼は「従順はいけにえにまさる」という言葉を思いつつ、長上の命令に従った。だが、誰が見てもすでに手遅れだった。ニコラは二度ともとの健康を取りもどすことはできないであろう。彼はこののち「長く苦しい持病」と、そのためのつらい治療を、生涯引きずっていかなければならないのである。

しかし、さらに深いところで、ニコラは恐ろしい試練に見舞われる。それは、彼の心の中に少しずつ忍び込んできた「疑惑」という苦しみである。明晰な言葉で学生たちの知識欲を満たし、説教では聴衆の心をとらえてやまず、「彼こそは今世紀を照らす光」と修道会が期待してきた彼。そのニコラ・バレが、今、夜の闇に沈んでいく。

管区長は、ニコラをアミアンに帰すことにした。故郷の空気を吸い、「思弁的学問から離れる」なら、きっと健康を取りもどすだろうと考えたのである。

確かに現在のパリよりは、アミアンのほうが静かであろう。とくに一六四八年から一六五二年にかけて、パリの騒ぎはひどかった。戦争を理由に正当化された税金の引き上げ、貴族の特権廃止を狙う独裁的中央集権、マザラン枢機卿の支持率低下、これらが内戦の温床を準備していた。国会、貴族、パリ市民は一致して政府に抗し、バリケードを張り、「ラ・フロンド」と呼ばれる市街戦が道路上に始まった。やっとのことで鎮圧されたものの、あとには多くの犠牲者と廃墟が残された。

こうした政治家や文化人の騒ぎから遠ざかることができるのは、若いニコラにとってよいことにちがいない。彼は、一六五七年九月上旬、パリを去ってアミアンに向かった。

4章　夜の闇は深く

アミアン　一六五七―一六五九年

あれほど強い信仰の持ち主だと思われていたニコラが、あのような霊的試練を受けなければならなかったことを、どう理解したらよいであろうか？　あとになって彼の霊的遍歴をふりかえれば、彼自身もある手紙に書いているように、この試練こそ恵みのときだったと言えるが、その時点ではまことに理解しにくいことであった。

確かに今なら言える。あの試練がなければ、彼はあれほど深い神とのかかわりをもつことができなかったであろう。あれほど多くの人々を神に導くこともできなかったであろう。まして、彼がのちに着手する教育事業において出会う多くの反対に耐えられなかったであろうと。そうだ。あの試練の意味がはっきり見えた今ならば、「この夜」の道をもう一度歩くこともできるだろう。「この夜」こそ「耀く真昼」だとわかったのだから。

それにしても、何がニコラをこのような疑惑のふちに落とし入れたのであろうか？　これについて私たちは想定するしかない。その想定を裏づける根拠もない。一応、想定してみたあとは、黙って引きさがり、人間の心の中に働きかける神のふしぎな導きに頭をさげるほかはない。

彼の育った環境、受けた教育が、彼をあまりにも緊張感の強い人間にしてしまったと想定してみてはどうだろう？　彼は一人息子で、下に四人の妹。感じやすい少年で、一人でいることが好きだった。家庭は健全な雰囲気に包まれていたであろうが、彼が過ごした少年期、青年期は、世の中が戦争に巻きこまれ、恐怖におびえ、不安定、不穏な空気の漂う苦しい時代だったのだから……

アミアンの学校で、ニコラはサン・ジュール神父から薫陶を受け、キリストを中心にすえた堅実な宗教教育によって育てられた。しかし、それは完全な自己奉献を要求する厳しい養成でもあった。自己奉献とは、キリストと一致して、「霊と真理において」礼拝すべき唯一の神と親しく交わること、神において生きるために神において己れに死ぬことである。

「キリストと一つになる」というこの理想は、十七世紀のフランスに非常に大きな影響を与えたベリュールの霊性の中核をなすもので、霊性の世界では「フランス学派」と呼ばれていた。「キリストと一つになる」ためには自己との厳しい戦いが求められる。サン・ジュール神父はニコラを励まし、きわめて高い聖性を求めさせた。ニコラは師のすすめをまじめに受けとり、同じ年ごろの少年とくらべれば、ずっと多くの時間を祈りに捧げていた。彼はふつう親が子供に要求する「かわいい犠牲」では満足できなかった……意識的にではなかったにせよ、ニコラは聖性を「神からいただく」よりは、「自分で獲得しよう」としていた。サン・ジュール神父の次の言葉からもそれがうかがわれる。

「存在そのもの、すべての善の源、無にすぎない被造物をはるかに越える創造主のお気に召すために、人間はさらに大きな、さらに純粋で、さらに強い暴力をもって自分を鍛えていかなければならない……」

ニコラの父の死去、それによって家庭の状況が変わったことも考えてみるべきだろうか？父は、彼が修道会に入ってからまもなく、一六四三年ごろに亡くなり、残された母親と四人の妹が、家業を引き受けることになった。この状況を、ニコラはどのような思いで受けとめたかはわからないが、苦しまなかったはずはない。修道生活の選択についても、もう一度考えざるをえなかったであろう。

また、この若きミニム会士が、どのように聖性への道を歩んだかについても問うことができよう。彼は、聖性は神の賜物であることをどれだけわかっていたであろうか？　神を求め、神に身を捧げたいと願うあまり、緊張していたのではないか？　緊張しすぎていたのではないか？　無償の恵みに心を開くよりも、苦行に励む努力を重んじていたのではないか？　そうだったかもしれない……

しかし、聖性に対する態度を切り替えることは容易ではない。自力から他力に切り替えるには、すべてを失ってもよいという覚悟、とくに「自分の力で神に至る」という錯覚をすてて「愛を分かち合う」ことを神から教えていただかなければならない。世を救うのは苦しみではなく、苦しみの中でさえ愛したいという「愛の意志」こそ世を救うのだから、ニコラは試練ののち、始めて次のように書くことができた。

「神は、ご自分のお気に召す物を愛する者としてお選びになりたいのです。神は、私たちが自分の望むところまでのぼったと自負することには我慢がおできになりません。このような自力的な歩み方は、自我から出てくるものです。いいえ、このように歩むべきではありません。私たちはただ、神のみ前にありのままの自己を差し出し、神のものとなりたいという望みを表せばよいのです。そして、自分は、それほど愛されるにはふさわしくないことがわかったら、神が本当にご自分の子にしたいと望んでおられる人々に仕え、養い、育てることに専念するのです。人を聖人とするのは神ですから、多くの人が神に仕えたいと思っていますが、そのほとんどの人は、神が自分をお使いになるのは望みません。画家の手にある絵筆のように、物書きの手にあるペンのように、私たちは神のみ手の中にいなければなりません。よく書くために、ペンは何度も切られ、削られることも覚えていてください」[MP31]

完徳を望むあまり、極度に緊張していたためか、あるいは厳しい苦行の結果か？　テュイリエ神父はニコラの知的な学問のやり過ぎを指摘している。それも衰弱の原因だったろうと、同僚の何人かも言っている。

確かに彼は、一生懸命に学び、一生懸命に教えた。彼は聖書と教父たちの教えに通じていた。聖トマスの『神学大全』を学び、ライン・フランドル地方やスペインの神秘神学を読んでいた。ロヨラの聖イグナチオ、サレジオの聖フランシスコの著作を知っていた。ベリュール枢機卿の書に親しみ、著名な科学者たちにも関心を寄せていた。ルター、カルヴァンの著書も読んだ。かれらのカトリック批判だけでなく、救霊予定説や、自己の救霊に対する人間の無力説、苦しみについての疑念なども読んだ。彼はまたヤンセニスムの横行に対して戦った。ヤンセニスムは人生を論理的に、また悲観主義的に見た結果、ごく限られた少数の者しか救われないと言い、宗教生活の中に恐れの観念を吹き込んでいた。

だが、哲学や宗教の、ある思潮を論破しようとするとき、その挑んだ問題から、何らの打撃も受けずに無償ですむものだろうか？　ニコラを襲ったあの内的疑念の源が、もしや、こんなところにあったとすれば？　とにかく、神にすべてを託したはずの彼が、今、内的にまったく不安定になってしまっているのである。

ニコラがプラス・ロワイヤル修道院で暮らした一六四三年から一六五七年にかけての年月は、彼にとって「知的向上」の著しいときであったが、同時に、「地獄への下降」とでもいうべき時代であった。しかし、同僚たちは長いあいだそれに気づかなかった。夜の闇に落ちこんでいく者が、この剥奪の道こそ信仰の道であるとわかるまでには時間がかかる。自分をとりまくすべてのものが、自分が信じる神を否定しているのではないか。自分自身さえ、自分が神を信じているのかどうかわからない。しかし、それでもなお、信じ続けたい！……彼は今、このような夜の闇の中にいる。

「疲れすぎだ」と同僚の多くは簡単に言う。しかし、かれらのうちのある者は、ニコラは、自分の渇望とプラス・ロワイヤル修道院の生活との間に矛盾を感じて悩んでいたのではないかと思う。

多くの貧しい人々が、パリの中でみじめな暮らしをしているとき、ニコラの住むプラス・ロワイヤル修道院は、世間の有名人たちの集会の場となっていた。

一六五六年、物乞いと病者の群れを収容するために、ヴァンサン・ド・ポールが施設を開き、ブルドワーズは庶民のために働く教師の召命を祈る信心会を起こした。このとき、プラス・ロワイヤルのミニム会は、王室や貴族の恩恵を受けて、自分たちの聖堂を美しく飾っていた。この恩恵は、庶民側からみれば復讐の標的となる。そのため、フロンドの戦いが始まると、かれらは一六四九年の一月三十一日と二月十四日の二回にわたって修道院になだれこみ、荒らしまわった。あれほど王妃の庇護を受けている修道院なら、きっと宝物が隠されているだろうと思ったのである。

サン・スルピスではオリエ神父が庶民の司牧刷新にのりだし、努力を重ねていた。そのときミニム会士は地元の主任司祭と対立して、その解決を国会にまでもちだしていた。

修道会自身も緊張関係の中にあった。バシュリエ神父を総長に選出する際の政治的圧力。この神父を辞任させるためフランス管区は教皇に提訴する。選挙のたびにみられる国王の介入。

もともとこの修道会は進歩的な民主主義をとってきたにもかかわらず、今や権力は独占され、選出の自由に制約が加えられてきた。辞任したはずの前総長によってある管区長が破門される、などなど……

プラス・ロワイヤル修道院の内部と同じように、管区の内部にも対立が多かった。あの神父は知名の士であるとか、この修道院の評判は高いとか、そういう話がお互いのあいだで交わされることは、ミニム会士として慎ましく生きている者たちにとって、まことに納得のいかないことであった。

このような状況は、ニコラに大きな影響を与えたであろう。彼は今、三十六歳になっている。聖性を目ざしてキリストに仕え、罪人の改心のために働こうという理想に駆られ、すべてをすてたのは十三年前である。だが今、何もかも崩れてしまった。


――彼は隠れて生きたかったのに、人は彼を神学教授にしようとする。

――彼は清貧、小ささ、単純を特徴とするミニム会士の生き方にあこがれたのに、派手で高慢な学者たちの会合の場となった修道院に住んでいる。

――彼は庶民の使徒となりたかったのに、人は彼を図書館係りとした。

――病気のからだとなり、そのため、ミニム会の召命の真髄である苦行が禁止されている。

――人々を神に導くことができるようにと、一生懸命勉強してきたのに、今や彼は疑惑の虜《とりこ》となっている。


では、ニコラの霊的試練とはどういうものであったのか。彼自身、自分の体験を、何とかして表現しようと努めているが、それを本当に理解できるのは、おそらく、彼と同じような道を歩んだ者だけであろう。彼の言葉は、十字架の聖ヨハネをはじめとする多くの神秘家たちの声のこだまのように響いてくる。

「私は、神の前に義人となるべき道に導かれました。その道はふつうの道ではありません。人間の力をはるかに越える道なのです。たとえあなたに説明しても、あなたは恐れおののき、信じてはくれないでしょう。地に目を注ぐと、地は私を呑みこもうとする洞穴のようでした。天に目をあげると天は鉄か青銅のように無情でした。人々の中に誰か慰め手はいないかと探してみても一人もいません。かれらは私の不幸に気づかないのです。自分の内心に入っていけば厚い厚い闇。信仰についての疑惑と混乱。すべてが神の存在を確証しているにもかかわらず、私には何も信じられないのです。上、下、中、外、あらゆるところに恐怖あるのみ。慰めはどこにもない。信仰の光の射すところはどこにもないのです」[Th]

「とくに十二年前から私は自分の救霊を信じてきました。私がそれにふさわしくないことは知っていましたが、神のあわれみによって救われると確信していたのです。ところが、今、私は悩みに打ちひしがれています。救われる人々の中に入れてもらえるとは到底思えなくなりました。むしろ、神から見捨てられた験《しる》しを、自分の中に強く感じるのです。ほかの人には神のいつくしみに依り頼みなさいと言っておきながら、私自身はすべてが恐ろしく、ただ神の義におびえているのです。何とかしてこの考えをとり除かなければ、私は完全に押しつぶされてしまいます。なぜほかの人は私のことを褒めるのか、まったくわかりません。たとえ人が、私を聖人のようにまつりあげても、私が自分に与えている最低の評価を、私から奪いとることはできないでしょう。このような苦悩は、私を絶望、落胆、冒瀆、無神論、神からの遺棄にまで追いやるのではないかと思っています。でも私は、私がまだもっている限りの信、望、愛、忍耐、勇気を奮い起こし、天に向かって叫んでいます。私の叫びが聞かれるという確信は、まったくないのですけれど」[L54]

「主よ、あなたはあまりにも私を苦しませなさいます。なぜ私を、あなたに背く者となさるのですか？　なぜ私は、自分にも耐えがたい者となったのですか？　私の望みは、あなたのお気に召す者となることだけなのに、なぜあなたは私を迫害なさるのですか？

されど、み旨の成らんことを
わが意にはあらで……
主よ、わが心　備われり
しかり、わが心　備われり」[Th]

ニコラはこの夜の道を諾《うべな》い、希望し続け、信じ続けて歩む。しかし、この道程は数日で終わるわけではない。歩み続けるため、ニコラは何をするだろう？　のちに彼は、試練のさなかにいる人に向かって「心すべきは現実、謙遜、委託」と答えているが、それは、かつて自分自身に言いきかせたことのある返事であろう。

ニコラはまず、自分に託されている仕事を、できる限りよく、できる限り一生懸命に果たした。それから、もっともっと祈った。オリーブの園で、受難の最も重大なときに、キリストが祈ったと同じように祈った。さらに、機会あるごとに、心の中で、また言葉にだして信仰を表明した。そしてとくに、神に信頼をもって身を委ねることを少しずつ学んでいった。福音書のカナアンの婦人の話のように、主人の食卓から落ちるパン屑を、子犬はけっして拒まれない、必ず与えてもらえると彼は知った。すべては神のお許しになるままに、神のみ手を通していただくのだということを彼は学んでいった。

ニコラは、暗闇の中を手さぐりしながら、自分自身に対する「謙遜で穏やかな忍耐」を学んでいく。たとえ、「自分に暴力を振るう」としても、それはもはや特別な苦行によってではなく、ただ「道を歩み続けていく」ために必要な「穏やかで思慮のある」苦行によってである。

このような状態に至ったとき、彼の口からは新しい祈りがわき上がってきた。その祈りは、これから先も彼を支え、どのようなときにも彼に力を与えてくれるはずの祈りである。

主よ　私はもう何も望みません。何も願いません。
主が望まれることを　主が望まれるように　私にも望ませてください。
主は私に目を注ぎ　すべてを心にかけてくださいます。
あなたは　私の身に起こること
私にかかわるすべてをはからい
あなたの愛の導きから
見のがされるものは何もありません。
もうそれで十分です。
ああ　イエス　愛！
あなたは私の神　私のすべて！
限りなくやさしく　偉大な力！
主よ　お望みのままに私を扱い　どのようにでもしてください。
あなたのお望みなら　私は無条件に従い　何でも行い　どこにでもついていきます。
主よ　私をあなたのものとしてください。
私のすべてを　分かつことも余すこともなく。
生きるときも　死ぬときも
苦境においても　歓びのときも

地上においても　天上においても
わが愛する御者は　すべてわがもの
私は　主のもの　とこしえに！
ああ　イエス　愛！　〔L12〕

アミアンでの二年間、ニコラに与えられた仕事は聖堂係りであった。知的作業から離れ、沈黙を味わうことのできる仕事である。彼の健康は会則をすべて果たせる状態ではなかったから、夜の聖務歌誦は免除され、食生活の厳しさも緩和されていたにちがいない。母や妹たちもたずねてきたであろう。とくに、幼いとき、兄の祈りによって病気回復の恵みを得たルイズは、喜んで兄に近づいたであろう。

このときの出会いが、ルイズの生き方に大きな影響を与えた可能性は十分にある。ルイズは、兄がアミアンにいた一六五八年、アベヴィルにあるミニム会女子修道院に入会しているからである。彼女はのちにこの修道院の院長となり、「賢慮と柔和をもって立派にこの務めを果たした」

ニコラの心の中に、貧しい子供たちの養成のため何かしなければという思いが芽生えてきたのは、このアミアンの貧しい修道院に滞在しているあいだであった。どういう形で実践するつもりなのか？　それはまだ何もわかっていない。だが彼は、それが具体的な形をとるまでの十年間、ひたすらこの望みを温め続けるであろう。

この望みは、ニコラにとって最も苦しかった時代、身体的にも心理的にも、また霊的にも一番落ちこんでいた時代に生まれてきた！　どういう経路で？　それについて、彼は何も語っていないので、私たちはふたたび、想像をたくましくしなければならない。

内的試練のあと、彼の中にはミニム会を選んだ動機がもう一度蘇ってきたのだろうか？　教会はトレント公会議のあと、それまで一般庶民の信仰生活をなおざりにしていたことに気づいたが、ニコラはその呼びかけに応えようとしたのだろうか？

一六四九年、ブルドワーズは、信者教師の召命を祈る信心会をパリに設立したが、彼はその影響を受けたのだろうか？　ニコラは多分ブルドワーズに会ったことがあると思われる。

パリの修道院の周辺地区と、あまりにも違うアミアンの環境のせいだったろうか？

一六五六年、ヴァンサン・ド・ポールは見捨てられた多くの子供たちを収容する救済院をパリに開いた。ニコラはここから何かを学んだのかもしれない。事実、ニコラはのちに次のように書いている。

「霊的援助は、物質的援助よりもずっと重大なことなのに、多くの貧しい人々が霊的に飢えて死んでいくことにだれも気がつかない。施しをする人は目に見える貧因には同情するが、この貧者が魂を失うことについては無感覚である。からだに着せ、食べさせることがすぐれた行為であるならば、貧しい人々に救霊について教えることは、いっそうすばらしいことである。イエスがメシアである証拠は、『貧しい人に福音が聞かされることだ』と聖書に書いてある。イエスが奇蹟をもって体を癒されたのは、霊魂を癒すためであった」[MTP219―222]

暗夜、疑惑、沈黙、懊悩……ニコラを鞭打ったこれらの試練は、彼に次のことを学ばせたのであった。

霊的戦いとは、自分の力で神に仕えようとする戦いではなく、絶えず絶えず自分を神に委ねるための戦いであることを。

そして、霊魂の暗夜こそ、新しい生命が神のみ心から生まれ出る場であることを。ちょうど救い主イエスの誕生が、ベツレヘムの真夜中であったように。

ソンム河に臨む17世紀のアミアン市。

5章　かすかに見え始めたもの

ルアン　一六五九―一六六二年

ニコラの健康はまだ十分とはいえないまでも、そろそろ司祭職を再開してもよいように思われた。

ちょうどそのころ、アミアンから五十キロ離れたペロンのミニム会修道院では、院長の任期が完了したため、次の院長の選出集会が開かれた。ところが、その結果、ニコラ・バレが選ばれてしまったのである（ミニム会では院長のことを、独自の用語で「コレクター」と呼んでいた）。ペロンの修道士たちは、この二年間に何度かニコラに会い、その人がらに触れる機会があったのであろう。

この知らせはただちにアミアンの修道院に伝えられたが、アミアンの修道士たちは驚かなかった。誰もがニコラに対し深い敬愛の情を抱いていたからである。

ニコラはそのとき、毎年ニジョンで行われる管区会議に代表として出席するため、パリに出かけようとしていた。ほかのコンヴェンチュアル制度の修道会と同じく、ミニム会も重要な決定はすべて修道院集会、管区会議、総会という場で民主的になされることになっていた。このたびのニジョンの会議も、各修道院で選出したコレクターを批准するための会議である。

ペロンの選挙結果を、ニコラはどんな気持で聞いたであろうか。彼は黙し、祈っていたが、心は動揺していた。どうしてこのような責任を引き受けられよう。院長は会則遵守の模範を示さなければならないのに、自分は苦行を制限され、夜の念禱さえ医者から禁じられている身ではないか。

九月二十六日、彼はパリ行きの馬車に乗った。ニジョンに着くと旧友たちはニコラとの再会を心から喜んだ。二年前、パリを去ったときとは打って変わって元気になっている。バレ神父は再起できる！　とかれらは思った。やがて説教を開始すれば多くの人々が集まってくるだろう。哲学、神学の講座ももつだろう。彼が得意とする霊的指導はもちろんだ。ペロンの院長の座は、輝かしいキャリアの第一歩になるにちがいない……。

しかし会議の席上、ペロンの院長の選出結果に承認が与えられようとしたとき、ニコラは発言を求め、この選出を無効にしてほしいと一同に頼んだ。自分の健康は、このような責任を果たすに耐えられないこと、会則の免除を受けていることは、弱い仲間たちのつまずきとなること、ミニム会士として誰もが罪人の改心のために働くべきなのに、自分は熱心な模範を示すことができないことを真心こめて話した。

それは、耳を傾けている誰の胸にもひびく言葉であった。責任という十字架を回避しているなどとは誰も思わなかった。聡明で勇気ある人間の率直な言葉は受け入れられ、会議はニコラの選出を無効にした。

長上たちは彼をノルマンディ地方の首都、ルアンの修道院に派遣することにした。ルアンの修道院は一五九一年に創立され、ごくふつうの庶民たちが住んでいる地区にあり、修道士たちは説教や告解場での仕事のほかに、最近では、「ミッション」と呼ばれる新しい形の使徒職にたずさわっていた。

それは、ヴァンサン・ド・ポール、ジャン・ユード、ジャン・ジャック・オリエ、フランソワ・レジスによって、フランスで始められたもので、数人の司祭たちが一定期間、一定地域の巡回宣教師として働く仕組みである。

かれらは村や町にしばらく滞在し、その地の人々にふさわしい説教をする。土地の方言も使い、やさしい賛美歌をつくって教える。男女別のグループ、既婚者あるいは配偶者を失った者のグループ、子供のグループというように、いくつものグループに分けて、それぞれに適当な指導を与える。一番むずかしいのは、土地の主任司祭や助任司祭とうまく連携することだが、この点について、かれらはできるだけ努力していた。

説教をすること、告解を聴くこと、そして「ミッション」と呼ばれる巡回宣教にたずさわること、これがルアンで働き始めたニコラの仕事であった。彼は三十八歳になっていた。

修道院のあるブルグ・ラベ通りは、ルアンの町の裕福な人の住む地域と、ふつうの庶民の住む地域のちょうど境目に当たっていた。東側のサン・マクルー、サン・ヴィヴィアン、サン・ニケーズ小教区には、木綿業者や日雇労働者、職人たちが住んでいた。かれらは、畑仕事でも大工仕事でも、織物あるいは陶器作りでも、何でも仕事があれば人夫として、季節工、臨時工として働いていた。

ニコラがそのあたりの狭い道を通ると、戸を半分開け放しにした家の中で、家族全員で働いている姿が見られた。子供たちも幼いころから手伝った。品物は出来高払いだからである。借金に追われ、取り立てにおびえている家族が生きのびるためには、子供たちから楽しい幼年期、少年・少女期を奪わなければならなかったのである。

こうして、おとなになる前に、すでに老けてしまったような子供や若者たちをニコラは見た。彼はすでにパリにいたころ、ジャン・ジャック・オリエやアドリアン・ブルドワーズが、見捨てられた子供たちの問題を取り上げているのにかかわったことがある。ブルドワーズは、オリエにこう書いている。

「完全なキリスト者として子供たちの教育に取り組む教師が必要なのです。この仕事を、ただパンをかせぐ方便とする雇人としてではなく。このような教師を養成することは、フランスの最も優秀な町の、最も立派な教会の説教壇に立って、一生涯説教を続けるよりも、教会にとってもっと功績のある仕事にちがいありません。もし、聖人の学問を修めた一人の司祭が、学校の教師になってくれるなら、彼はそれによって列聖されるでしょう。もし、聖パウロや聖デニスが今、フランスにもどってくるなら、おそらく、ほかのすべての宣教活動よりも、学校の教師となるにちがいありません」

教育を受けられず読み書きのできない若者たちをどうすればよいだろう。今のままでは自分の人生の意味を考えることなどとてもできない。キリスト教を正しく教えられていなければ、かれらが魔術や迷信を信じ、恐れにおびえながら暮らすのも当然である。一体、どうしたらよいだろう？

説教のためにサン・マクルーやサン・ニケーズの教会にいく道すがら、ニコラはいつもこのことを考えていた。この考えは彼の祈りからも離れなかった。このような状況に若者たちをいつまで放置できようか？

彼の祈りの中にはたびたびイエスの姿が浮かんでくる。それは弟子たちとともにおられるイエスである。ニコラはそのイエスに目を注ぎ、耳を傾ける。イエスは、弟子たちのまん中に一人の幼な子をおいて言われる。

「子供たちを私のもとにこさせなさい。

神の国はこのような人々のものなのだ。

彼らをつまずかせる者はわざわいである」

無価値と思われている子供たち、搾取され、軽蔑されている子供たちを、イエスは皆の中央においてくださった。そのうえ、神ご自身が、小さき者たちとともにいることを喜んでおられる。偉大なる神は、人間の中で最も弱く、最も小さい人々に近づくため、人間、しかもいたいけな嬰児《みどりご》となってこの世にこられた。[SR1・2]

ニコラは思う。この神の思いの中にこそ、現在の教会と、多くの人々を癒す重大な呼びかけがあるのではないかと。

子供たちのために、何かしなければならないということは、ルアン市当局もすでに気づいていた。

一六五四年には、市立救済院に収容されている孤児、浮浪児、捨て子のため、一つの教育施設が運営委員たちによって設けられた。一六五七年には、アドリアン・ニエルがその責任者となった。ニエルはラーン出身の、きわめて熱心な信者である。

救済院の子供たちは、ポーヴル・ヴァリアード（有効と認められた貧者）と呼ばれる貧民階級に属していた。これは、かれらに仕事をさせて利益を得るためにヨーロッパ社会がつくりだした階級である。

貧者は増える一方で、かれらは危険人物、やっかい者と見なされていた。風来坊や物乞いは、宗教や国家の一致を乱し、いかがわしい風説を流す者と疑われ、伝染病のもとだとも思われた。失業者が多いことは、行政のまずさが目立つので国家の恥になるといい、あるいは、かれらはいつかきっと暴動を起こすにちがいないと敬遠されていた。

その解決が、一応、市立救済院だった。救済院が収容するのは病人ではなく、困窮者、問題煽動者、やっかい者だったのである。

救済院はやがて、フランスの大都市には必ず設けられるようになり、他国もこれにならった。ルアンでは、一六四五年、売春から救うという名目で、若い娘たちをここに収容したが、一六五四年には、公共の害悪とみなされた未成年男子も収容した。かれらは、「貧民大収容所」と呼ばれる建物の中で、物乞い、軽犯罪者、精神障碍者、娼婦たちといっしょに暮らしていた。当局の意図するところは何かといえば、役立たずを狩り出して働かせ、終《つい》には全員、正道に立ち返らせることであった。

アドリアン・ニエルも、救済院の運営委員たちも、ミニム会の聖堂をときどき訪れていた。そこではニコラが、聖フランソワ・ド・ポール第三会員のために講和を行い、多くの人々の心を引き寄せていた。人々は、彼の単純・素朴な言葉を愛し、そこからいつも「心の糧」を得ていたのである。

聴衆の中に、二人の国会顧問とその夫人たちがいた。クロード・ド・グレンヴィル氏とピエール・フォーヴェル・ド・トゥーヴァン氏である。そのほか、ミッシェル・ド・レピネ氏、ルーヴェ兄弟、財務局顧問のマイフェール氏がいた。かれらのうちのある者は、聖体会に属していた。

聖体会とは、一六二七年から三〇年にかけて設立され、聖職者と信徒とによって構成された信心会である。貧しい人々に対する愛を実践し、聖体を中心にすえた霊性を深め、厳しいキリスト教的生活を営むことを目的としていた。その規約は公にされていなかったが、なかなか力のあるグループで、政府も一目おいていた。

ミニム会の聖堂には、このような名士たちがたずねてくる一方、一般庶民もまた、ニコラ・

バレ神父の話を聞くのが好きで、大勢の者が押しかけてきた。彼は多くの説教家とは違って、ごく素朴な、わかりやすい言葉で、しかも非常に深い内容の話をするからである。

「宇宙万物はなぜ美しいのでしょう。それは、全部、それぞれ違うからです。もし、樹が緑色はいやだ、金《きん》ピカになりたいと言ったらどうでしょう？　そして、金が緑の葉をつけたり、花や実をつけたらどうなるでしょう。大自然はこわれてしまいますね。霊的生活も同じです。ほかの人の生き方や信心の仕方をまねする必要はありません。ほかの人がいただいている恵みを羨《うらや》まなくてもよいのです。そんなことをすると、自分が自分でなくなってしまいます。聖人たちについても『一人として同じ聖人はいない』と言われているでしょう？」[MTP113]

ニコラは、人間は一人ひとり、それぞれ独自の実を結ぶべきことを知っていた。彼は勧告を求めてくる人々の「実を見わけ、評価し、成熟させる」[MD41] ように努めた。

彼のこのような識別の賜物と、霊的歩みをともにしてくれる親切な指導が、あれほど多くの人々を引き寄せたのであろう。しかし、彼の指導は、けっして甘いものではなく、ときには厳しい態度で改心を迫った。

「天の国とは、私たちの中におられる神のことです。でも、神のみ、イエスのみであること。これこそ、すべてを売り払って——すなわち完全に自分を忘れて——手に入れるべき高価な真珠です。手が人間のものであるように、魂は神のものでなければなりません。そのためには、謙遜と自己卑下の道を通り、自分の中にある神以外のものを、すべて破壊しなければなりません。被造物である私たちのうちに、イエスが受肉なさるために、それはどうしても必要なことなのです」［RA1］

ポンズ・マイフェル氏の夫人、ジャンヌ・ドゥボアは、このような力強い言葉を聞くのが好きだった。彼女が数年前、改心したときの熱心さをもう一度かき立ててくれるからである。ジャンヌ・ドゥボアは、一六二三年、ランスに生まれ、長じてルアンの財務官と結婚した。それから数年前まで、彼女はこの町の最も世間的な婦人として通っていた。ノートル・ダム教会の昼のミサにいくなら、彼女がひときわ目立つ衣裳を着け、得意気に見せびらかしているのを見ただろう。彼女は、自分の体形そっくりのマネキン人形をつくり、まずそれに自分の服を着せ、その効果をよく見極めてから身につけていた。食卓にはぜいたくなものが一杯だった。彼女の関心はひたすら自分に向けられ、自分以外のものにはほとんど興味を示さなかった。

一六五五年のある晩、一人の物乞いがマイフェル家の戸を叩き、わずかの食物と一夜の宿を乞うた。馭者は馬小屋にでも泊めてやりたいと思い、女主人に願ったが、彼女は「そんな物乞いは追い出してくれ」と言って拒否した。しかし、馭者はそれを無視し、こっそり馬小屋に泊めた。ところが翌朝になってみると、物乞いは藁《わら》の上で死んでいた。

このニュースはたちまち家中に伝わった。夫人の怒りははげしく、ただちにその馭者を解雇するや、しもべたちに一枚の布を投げ与え、一刻も早く遺体を邸の外に運び出せと命じた。

さて、その日の夕方、夫人が食卓につこうとすると、彼女の席に、ていねいにたたんだあの布が置いてあるではないか。彼女の命令は履行されなかったのか？

夫人の詰問に、しもべたち全員は「朝いただいた布で物乞いの遺体を包み、確かに葬りました」と答えた。誰が、夫人の命令にそむきましたと堂々と言えるだろうか？　だが、誰かが夫人に教訓を与えようとしてこの布を置いたのだ。夫人は物乞いにパンと一夜の宿を断わったのだから、物乞いもまた、夫人がいやいや与えたこの布を断わると。夫人はショックを受けた。ジャンヌ・マイフェルははげしく泣き出し、これから生き方をすべて変えようと決心した。

彼女は三十二歳であった。彼女の改心は、それまでの華やかな生活と同じように演出された。次の日曜日、彼女は衣裳の上に荒布で作られたきたない前掛けをかけてミサに出かけた。その姿を見ると人々は振り返って笑い、それから冷やかした。

「気が触れたんだ！」

「ご信心のおかげで脳をやられたんだろう！」

あまりの騒ぎに駆けつけたマイフェル氏は、こんな大げさなことはやめてくれと言い、夫人は一応従った。しかし、彼女の生活からはすべてのぜいたくが取り払われ、貧しい人々への奉仕の暮らしが始まった。

四年ほど経って、ニコラ・バレがルアンに赴任してくると、夫人はニコラの説教を、ミニム会の聖堂でたびたび聞くようになった。そして、やがて彼女は愛徳学校創立の協力者となるのである。

もう一人の若い女性、マルグリット・ド・ボンゾン・ド・クーロンヌも、バレ神父の話の忠実な聞き手であった。父はノルマンディ地方議会の議長である。彼はパリのイエズス会の学校で学んでいたころ、フランソワ・ド・サールに会ったことがある。この人は、信徒の霊性向上に貢献した人で、クーロンヌ氏に向かって、一度こう言った。「あなたは多くの子供に恵まれ、幸せな家族の父となるでしょう」

やがて彼は九人の子をもうけ、マルグリットはその末っ子だった。長男はイエズス会に入り、宣教地にいきたいと思っていたが、若いうちに死んでその夢を実現することができなかった。

七人の娘たちは次々と、ルアンの訪問会修道院に入った。この修道会は創立されてまだ日が浅かったが、多くの女性を引き寄せていた。四人の子供をもつ未亡人で、フランソワ・ド・サールを霊的指導者として仰いでいたジャンヌ・ド・シャンタルが創立した会である。それは、より親しみやすい観想生活を目ざし、貧しい人々に奉仕しながら単純と愛のうちに生きようとする修道会であった。クーロンヌ氏は、この修道会付属の学校にマルグリットの教育を託していた。少女時代からずっとこの会の修道女たちのしあわせそうな生活を見てきたマルグリットは、自分もあの仲間に入りたいと思っていた。しかし、この願いはクーロンヌ氏にとってひどすぎる。九人の子供のうち、せめて一人はそばにおき、孫の顔を見たいではないか？

マルグリットが十五歳になったとき、父親は娘を一応修道院から引き離し、世間の楽しみを味わわせてみようと考えた。そうすれば修道女になろうなどという望みは忘れてしまうだろうと思ったのである。

来客接待、舞踏会、旅行、出会い、サロン、裁縫師や美容師との打ち合わせなどに、次から次へと巻きこまれていく娘を見ることは、父親にとって大きな喜びであった。もちろん、こういう騒ぎによって、マルグリットの内奥からの声が全面的に抹殺されたわけではないが、しかし、マルグリットは修道生活へのあこがれが再燃しかけると、そのたびごとに、大急ぎでそれを無視しようと努めた。

マルグリットがまだ訪問会の学校の生徒だったころ、彼女は修道女になりたい望みをバレ神父に打ち明けたことがある。バレ神父はそれを覚えていて、そのことを何度か彼女に思い出させようとしたがむだだった。

ある日バレ神父は、彼女がたくさんの若者からラブ・レターをもらっていることを知り、これを利用して彼女の決断を迫ろうと考えた。彼は短い手紙を書いて、彼女のもとに届けさせたのである。夕方、外出先から家に帰ったマルグリットは、とりまき青年からのお世辞たっぷりの手紙を次々と読んでいたが、次の数行の言葉にぶつかったとき非常に驚いた。

「神はあなたを望んでいます。

神はあなたを望んでいます。

どうぞ、気をつけて！」

そのあとに、彼女が神の恵みに抵抗しているのを咎《とが》める言葉が書かれていた。

動揺したマルグリットは、一瞬、手紙を読むのをやめ、それから荒々しく破った。とんでもない、今のように楽しい生活をやめるなんてとんでもない。しかし、この手紙の言葉は彼女の記憶の奥深くに刻みこまれた。

あるとき、父と一緒に旅行中、ミサにあずかるためノートル・ダム・デ・アルディーユという教会に入った。ミサが進み、ちょうど聖変化のときである。彼女の心の中に、内《うち》なる声がいつもよりずっと強く響いた。

「おまえがどんなことをしても、おまえは修道女になるだろう。神が望んでおられるのだから。おまえはそれをよく知っているのに」

彼女は、この声が心の奥深くから出た声であることをはっきり知りながらも否定した。そして、私は地方議会議長の末娘としての生活を楽しくやっていけばよいのだと心に決めて教会を出た。父を失望させてはいけない。こんなことをとても頼めるはずがない、彼女は自分にこう言いきかせた。

ところが、それからしばらくしてマルグリットが二十一歳になったころ、父が突然死んでしまった。ショックは大きかった。父を喜ばせるためにこそ、こんな世間的な生活に飛びこんだのに。

彼女はバレ神父のところにいき、今まで何度も何度も抹殺してきた内からの声について、そのますべてを泣きながら打ち明けた。彼女は神の招きをよく知っていた。これ以上断わり続けるなら、自分はけっしてしあわせにはなれないということも知っていた。

今度は、いきすぎるほどの望みが彼女を駆り立てた。訪問会の会則は、らくすぎるのではないだろうか？　こんなに長いあいだ、神をお待たせした償いに、もっと厳しい会に入るべきではないだろうか？

バレ神父はそれを聞き、過度の熱心をいましめ、この望みを認めなかった。なぜ、一番むずかしいことを自分から求めるのか？　それは一見、神を求めているようにみえても、そこにはまた、自己満足が巧みに隠れひそんでいる。彼女が神の呼びかけを聞いたのは、訪問会の学校にいて、訪問会の修道生活を近くに見ていたときなのだから、その惹かれたところに従って、姉たちのいるところにいくのがよい、とバレ神父は答え、次のように教えた。

「あなた自身の心の中に、神様を迎える場所をつくるため、あなたは自分を無にし、自分に死ななければなりません。あなたには、まだ自己満足、独立心、見栄がいっぱいです。それをすてなさい。そうすれば、そこに神様をお迎えできます。あなたはそのとき初めて、いのちに溢れ、幸福に満たされるでしょう」


マルグリットはもう迷わなかった。周囲の人々の反対にもかかわらず訪問会に入った。数年たったころ、親族から「彼女の父の遺産の一部を年金として贈与するから、修道院の中でもう少し自由の許される生活をおくるように（こういくことは当時よくあることだった）」という申し入れがあった。このときも彼女は、バレ神父に力になってもらい、その助言に従ってこの申し入れを断わることができた。

バレ神父は彼女にとって、いつも炯眼《けいがん》の師、深い理解者であると同時に厳しい要求をする霊的指導者であった。

もう一人の改心者、エドモン・セルヴィアン・ド・モンティギーが、ニコラ・バレの指導を受けるようになった。

彼は一六二〇年、政治に熱心な家庭に生まれ、彼自身も政治家への道を歩んだ。一六五三年にはアンヌ・ドートリッシュ王妃の内閣書記官となったが、二年後に職をすて、ルアンの家族のもとに引きこもった。その後、司祭となった彼は、社会事業のために自分の時間と財産を捧げることを決意し、ルアンの町の有力者たちがたずさわっている貧困市民救済事業に加わった。

人々の貧しさと、宗教的無知を救うための対策は、ルアンにおいて、すでにいくつか実践に移されていた。男の子のためにはアドリアン・ニエルとローラン・ド・ビモレルが、いくつかの初級学校を創立していた。しかし、それらはまだ十分組織だったものではなかった。女の子のためには、一六一九年、ウルスラ会の教育修道女がルアンにきた。しかし彼女らは、一番貧しい地区に住む子供たちの世話にはほとんど手を出していなかった。

サン・マクルー小教区では、ノートル・ダム・ド・ベルネー会の修道女が、少女を集めて公教要理や、読み書き、裁縫、刺繡を教えていた。しかし、これらの事業はいずれも大きな困難にぶつかって難渋していた。貧しい労働者の家庭は、子供を学校に行かせるわけにはいかないのである。子供が働いて得る賃金は、わずかとはいえ貴重であり、家事を手伝う娘たちも手放すことができない。そのうえ、サント・アマン小教区では、アントワンヌ・ド・ラエ以外の主任司祭は皆、こうした事業は役に立たないと考え、全然支援してくれない。一方、十分に養成されていない男女教師たちは、務めに対する情熱に欠け、手のかかる子供の世話はあまり好まないのであった。

ニコラ・バレは四旬節のあいだ、小教区から小教区へと巡り歩いて説教をした。また、二、三か月のミッションにたずさわった。しかし、心にかかるのは、いつも子供たちや若者たちの問題であった。ミッション期間中、このような問題に関心を示す若い女性に出会うと、バレ神父は彼女たちに頼んで、少女たちに公教要理を教えたり、読み方の手ほどきなどしてもらった。少女たちは、親が許してくれる時間にくればよいようにした。しかし、こうした試みは、ミッションが終わればもう続かない。

ニコラは、若者、とくに少女たちの人間としての養成、および信者としての養成の欠如が、家庭生活、社会生活の中にみられる多くの苦しみや、間違った生き方の原因だと信じていた。当時、若者や子供は一人前の人間ではないと軽んじられていたが、ニコラはそうは思わなかった。子供はごく幼いときなら神を素直に受け入れる。だから、誤った思想や愚かな考えが心に入る前に、子供の心を神に開かせることは非常に大切なことだと彼は経験からも知って

いたのである。[MP18]

だが、バレ神父が試みた仕事は、けっして容易な仕事ではない。年齢もまちまちな少女たちが、それぞれ都合のよいときにやってくる。それを受け入れて教育するのだから、教師となる若い女性たちには大変な忍耐と柔和が要求され、よほどしっかりしていなければ勤まらない。バレ神父は、折りあるごとに試み、善意ある女性たちを励まし、助言を与えてきた。そして、ソットヴィルという村でのミッションを依頼されたとき、彼はここに、今まで熱意をもって働いてくれた何人かの女性を集めてみようと考えた。

ルアンのミニム会修道院の中庭。当時のまま現存する。

6章　ささやかな一歩

ソットヴィル—ルアン　一六六二—一六六六年

ソットヴィルは、ルアンから四キロ離れた村で、そこにはごくふつうの庶民が陶器製造や農業に従事していた。数週間にわたるミッションが、近いうちに行われることが予告された。村人たちは皆それに参加し、説教を聞き、告解をし、生活改善をするようにすすめられるのである。かれらは洗礼を受けているものの、キリスト教についてはほとんど無知で、教会にいっても典礼がラテン語で行われるためさっぱりわからず、かれらの信心の中にはいろいろな迷信や魔術が入りこんでいた。

今回のミッションが予告されたのは、村人にとってひどく大変なときだった。前年の夏は凶作で、今年、一六六二年になると早くも飢饉が起こっていた。ルアン周辺の部落では、何人もの子供が飢え死にしたという。哀れな母親たちは、毎朝、今日は子供たちに何を食べさせようという心配から一日を始め、洗濯、女中、人夫のような仕事がみつかれば、賃銀の代わりに何か食べ物をもらって帰ってくる。金持ちの住む地域に子供をやって、物乞いをさせる親もいる。ときには「盗み」もさせる。皆、生きのびるためなのだ。

ニコラは、こういうところで説教できることを喜んでいた。彼は友人によく次のように話していたのである。

「隣人の不幸をともに苦しむことができなければ、イエスを愛しているといっても、愛しているふりをしているだけですね。貧しい人たちはたくさんの苦労をかかえているけれど、結局は霊的飢えで死んでいくのです」[MTP208-219]

ニコラは家から家へとたずねてまわり、男たち、女たち、子供たちに、それぞれの集会に出るよう誘った。彼は家族の苦労を目にし、耳にし、こんなみじめな暮らしの中でも、なんとか生きのびる手段をみつけるかれらの知恵に感服した。そして、ときどき自問する。食べるため、生きるために示すかれらのこれほどの熱心を、神のために起こさせることは、一体できないものであろうかと。

彼は集会を開く前によくよく祈った。人々の心に触れることができるのは、ただ神の霊のみだということを、彼はよく知っている。この貧しい人々は、長いあいだ司祭から見捨てられてきた。養成を受けていない司祭たちは、司牧よりも金もうけに熱心だった。しかし人々の心の底には神へのあこがれが残っている。説教家の言葉は、その心の底に響かなければならない……。

ある日、一人の友人が彼に言った。

「あなたは修道院にたずねてくる名士たちよりも、こういう庶民のほうがお好きのようですね」

するとニコラは答えた。

「高貴な生まれの方とか、すぐれた資質をおもちの方々とお会いするときと、素朴な市民とつき合うときでは全然感じが違います。私はあまり高い身分の方々に会うことは避けたいと思っています。何だか自由を奪われてしまうような気がしますし、ふつうの人たちからいただいた恵みが減ってしまうような気がするからです」[Raf]

ラフロン神父の証言によれば「彼はけっして人を差別することがなかった。もし差別したとすれば、一番貧しい人、一番小さい人、誰よりも遠慮している人を先に選んでいただけである」

司教教令によると、男女児が一緒に勉強することは許されていなかったので、ニコラはここでもまず、女児を対象とする活動を開始し、二人の女性、フランソワズ・デュヴァルとマルグリット・レストックの協力を求めた。

フランソワズはホンフラーの出身で十八歳、マルグリットはピカルディ出身で、彼女の家族はバレ家の親戚に当たる。彼女は二十歳だった。

二人は、村のある家の一室を借り、そこに一年近く少女たちを集めていた。少女たちは家庭の都合で朝くる者もいれば、午後くる者もいる。彼女たちはこれを「へりくだられたイエスの学校」と名づけた。

ニコラはここに、週に何回かきて、彼女たちの仕事をみ、それから子供や母親たちにどう対応したらよいかなどについてしばらく話をする。

「神は、あなた方を使って、子供たちに救いの道を教えたいとお思いになるのです。だから、神の霊の導きにまかせなさい。神は、謙遜な人に恵みを与え、かれらの口を通してお話しになります。この子供たちの心に、神ご自身が語りかけてくださるようお願いなさい。話すことは少しにして、たくさん質問しなさい。見栄を張らず、むずかしい言葉を使わないように。一番小さい子供、一番程度の低い子供にもわかるように、謙遜に、

柔和に、やさしく話すのがよいのです」[AC]

子供たちの両親、ときには祖母までが、主任司祭の影響を受けて、子供たちの想像力の中に、地獄の罰や大罪の恐ろしいイメージを植えつけてしまっている。バレ神父は言う。

「大罪、小罪について軽率に話してはいけません。『こういうことをすると神さまはお悲しみになりますよ。これはよくないことですね。そんなことをするくらいなら、死ぬほうがましですよ』と、この程度で結構です。心から神を愛したいと思っている信者なら、これで十分指導できます」[AC]

「祈りを教え、秘蹟を受ける準備をしても、心を尽くして神を愛し、また、己れの如くに人を愛して、福音に従って生きることを教えなければ何の役にも立ちません。それを忘れないでください。真福八端をはっきり示しなさい。キリスト者にふさわしい言葉で話し、神のお気に召さないことは口にせず、神のお望みに反することは愛さず、世間的精神には従わないよう教えてください。どうか、あなた方の話が、心のこもった教訓的なものでありますように」[AC]

フランソワズとマルグリットは、バレ神父の来訪を心から楽しみにしていた。バレ神父に会うと、この務めもずっとらくになり、使徒であることの喜びが心の中に自然に湧いてくる。バレ神父と話してから子供たちのところにもどってくると、子供たちはまるで神さまが話しにきてくださったかのように、二人の話に耳を傾けるのであった。後日、マルグリットは次のように書き記している。

「ソットヴィルのミッションのあいだに、多くの男女、娘たちのすばらしい改心がみられました。総告解をした人もたくさんいました。初級学校も一年近く続き、大変褒めていただきました。村人ほとんど全員が改心したといってよいと思います」

この成功を、ニコラは自分の手柄だとはけっして思っていなかったが、自分が育てた小さなグループの使徒的活動をみて、苦労はむだではなかったと非常に嬉しかった。迷える者を神に立ちもどらせるためにこそ、彼は生涯を捧げたのだったから。

「信者を養成し、人々が神に出会えるように助けることは、神のために教会を建て、祭壇を飾ることよりもずっと価値がある。なぜならそれは、神のために、霊的宮殿、生ける神殿を捧げることになるからである」[MP13]

ニコラ・バレの伝記を書き、またその証人でもあるラフロン神父の言葉を引用しよう。

「彼が計画する事業には、いつも大きな自己放棄と清い意向があり、彼の説教には愛熱の火が燃え、その格言には高貴な魂の高揚がみられ、その助言には神的慰めがこもっていた。彼の常に変わらぬ敬虔な態度は、罪人の改心のために神から最大の恵みを受けた聖人の言動そのままであり、そのため、彼をよく知っている人々は、彼のやさしくかつ力強い説得に立ち向かうことができなかった。

こうして神は、彼を通して幾人もの驚くべき改心を成しとげられた。最もひどい不信心者、冒瀆者、無信仰者、そして長らく罪に溺れ、改心させることは到底むずかしいだろうと誰もが思っていた者などが改心したのである。かつてかたくなに暗闇に閉じこもっていた人が、今は清くあたたかい信仰の光の中を歩んでいるのを私は証することができる。かれらはバレ神父を通していただいたすばらしい恵みに、たえず感謝している。

最も高慢で、最も頑固な心を打ち負かすことのできるこの熱誠、疲れを知らぬこの奮発心を、バレ神父は十字架のもとで学んだのである。人々は、悪霊に対する彼のこのような力を見て、改善の見込みのない者のことを『あれは、バレ神父行きだ』と言ったものである」

この痩せて病気がちな男から、何とすばらしい力が出てくることだろう。だが、この快活で親切な「ボンノーム」が、他人の信仰のために働いている今もなお、疑惑の苦悩を味わっているとは誰が信じられよう？

彼は何人かの親友にだけ打ち明けたことがある。神は彼に、夜明けをむりに求めず、じっと夜の闇に留まるためにはどうしたらよいのかを教えてくれましたと。明白、確実なものだけを求めようとするのは自愛心によることだとも言っていた。

「自分は神の恵みにふさわしい者かどうかを判断せず、ただ、神のみ前に自分を差し出していれば十分です。そのあとはもう、まったく自分にはこだわらず、神がお託しくださった子供たちがまことの神の子供となるように、ひたすら仕え、養い育て、教えていればよいのです」[MP5]

「神との一致に至るには、多くの反対と迫害を経なければなりません。真の平安に至るまで、どれほど困難があるでしょう。光と輝きの中心、誉れと喜びの中心に達するまで、どれほどの暗闇があることでしょう。しかし、これが唯一の道なのです」[L2]

「霊的生活の道は、本当に感嘆すべき道です。私たちは感覚的慰めを味わうことなく、ひたすら苦しみを耐えつつ進んでいきます。すると神はまったく姿を隠していながら、私たちを強め、それとは気づかぬうちに、内的に堅固なものとしてくれるのです」[L54]

アミアンにもどったころから、ニコラは、神と自己についての錯覚から徐々に解放されていった。神のみ聖であり、神のみ聖人をつくることができる。だから、自分がまだ聖人でなくても、他人を聖人にするために働いてもよいということを知り[MP8]、たとえ泥だらけの流れでも、清く澄んだ水を運ぶことができ[MID7]、自分は裸で、貧しく、みじめな者であっても、他の人たちのおかげでゆたかにされていることを知った。[MD11]

彼はこのような光と恵みを、神を求めて彼の「学びや」に集まってきた人々から受けたのである。

ソットヴィルでの体験は、ニコラに大きな影響を与えた。また、フランソワズとマルグリットにとっては生涯を左右する決定的なときとなった。やがて、ルアン市内のミニム会修道院の近くで、貧しい少女たちの教育を、もっと継続的にしていこうとするとき、二人はその仕事を熱誠をこめて引き受けることになるのである。

そのころ管区総会に代表として出席したニコラは、その席上、ソットヴィルでミッションが行われた際、若い女性たちの協力によって始められた使徒職の展望について、同僚たちに報告した。ニコラはまた、近くに住むグレンヴィル夫妻にも、ソットヴィルの成功について何回か話してみた。するとグレンヴィル夫人は、早速自分の邸内の一室を提供し、そこに、その地区に住む少女たちを集めて教育しようということになった。少女たちはたくさん集まった。無料で入れてもらえるだけでなく、こられる時間にくればよかったからである。

やがて、ここが満員になると、今度はカルメリット通りに、もう一つの学校が開かれた。マルグリットとフランソワズのほかに、マリーアンヌ、アンヌ、カトリンの三人が女教師として加わった。その中の何人かは、オラトワール教会で開かれている「幼きイエス会」に所属していた。この会は、司祭、修道者、信徒の集まりで、「幼な子のようにならなければ天の国には入れない」というイエスのみ言葉に従い、受肉されたみ言葉にあやかって、幼な子の精神を生きようとする信心会である。

マルグリットとその妹カトリンは、一六六四年三月二十四日に加入している。二人はこの会でマリー・デシャンとアンヌ・コルネーユと知り合い、ニコラ・バサ神父とその事業について話した。

一方、アドリアン・ニエルは、相変わらず男の子のための学校をつくろうと、その教師を集めるために奔走し、とくにバレ神父の指導と助言を当てにしていた。

だが、こうした動きは、何らかの非難を受けないわけにはいかない。貧しい子供たちに公教要理を教えることは、若者があまり不道徳なことをしないために、少しは役立つだろう。だが女の子に読み書きを教えるなんて暇つぶしだ。男の子にしても、大部分の子供には必要あるまい。読み書きができるようになると考えが変わって、聖職者のような非生産的な仲間に入りたくなったり、公職を買いたくなったりするだろう。そういうことを狙っている者はたくさんいるのだから……というような声である。

代書人たち（代書人は読み書きの職業教師でもあった）も立ち上がって抗議した。かれらが読み書きを教えるなら、自分たちの職業はどうなるか！　かれらの初級学校は無料で子供を引き受けるというではないか？

ニコラ・バレとアドリアン・ニエルは、地方議会の議員たちに自分たちの事業を理解してもらい、この事業に従事する若い教師たちの生活費を、ごくわずかではあるが援助してもらえるところまでこぎつけていた。しかし、男の教師たちは、なかなか長続きしない。しばらくしてこの仕事よりもっと収入のよい、もっと見栄えのする仕事があれば、簡単に移ってしまうのである。

その点、若い女性たちはしっかりしていた。彼女たちが仕事を始めたサント・アマン小教区では、主任司祭からの全面的支援にも恵まれた。主任司祭アントワンヌ・ド・ラエはバレ神父の親友で、熱誠の士。貧しい人々のため、また神から離れた人々の改心のために生涯を捧げ、全力を尽くしている司祭だった。

マルグリット・レストックは、この歩み出しのころのことを自分で書き残している。

「私たち四、五人の姉妹は、神の摂理に完全に委ねておりました。共同体《コミノテ》はつくらずに、それぞれ別に暮らしておりました。二人はカルメリット通りで学校を開き、三人はグレンヴィル夫人のところで働いていたのです。バレ神父さまは、ときどき講話をしにきてくださり、また、私どもの暮らし方を決めてくださいました。信心の務めも決められておりました。初級学校は、朝八時から十一時までです。そのあと子供たちをミサに連れていきます。子供たちは百三十人ぐらい、ときにはもっと多いこともありました。十二時から二時までは年上の少女たちと一緒でした。彼女たちには読むことと公教要理を教えるのです。そのあとは五時まで小さい子供たちの相手をいたします。それから今度は、家庭訪問に出かけ、おとなたちにキリスト教の主な教義を教え、とくによい告解と聖体拝領ができるように導きました」

五人の女性たちは、充実した日々をおくっていた。マルグリットは続けて「ルアンでは、神とはどういうお方かも知らないような人ばかりでした」と書き、とくに忘れられない思い出の一つを語っている。

ある日、マルグリットは八十歳の老女に、神さまは何人いるか知っていますかと尋ねた。この質問におびえた老女は「三人です」と答えるなり気絶してしまった。気がつくとまた「神さまは三人います。私を無知だと思わないでください」と叫び立てるのだった。

貧しい人々の生活は不安に満ちていた。明日の生活、借金の取り立て、それに加えて主任司祭に対する不安、神に対する不安。教会での説教は、神の慈悲についてよりも、地獄のおどかしのほうが多かった。フランソワ・ド・サールや、その他の著述家による信頼にみちた信心書は、養成されていない神父たちには何の影響も与えていなかった。そこで人々は、貧困と労働の疲労のうえに、神からも見捨てられているような不安に襲われるのだった。

マルグリット、フランソワズ、アンヌ、マリー、カトリン、そしてその他の姉妹たちが、人々に総告解をさせることをとくに重くみていたのはそのためである。今までに犯した大きな罪を認めて赦しを受け、神と和解し、ありのままの自分を受け入れて心に平和をとりもどすこと、これはかれらにとってきわめて大切なことだった。

「やさしい教えによって、まず四百人ほどの人々が総告解をしました」とマルグリットは書いている。ニコラもこの点を強調していた。

「霊魂をかち得るためには、静かにやさしく近づかなければなりません。けっして威圧的に見下すような態度をとってはなりません。むしろ深い謙遜、慎しみ深さをもって、親切に、愛と熱誠を傾けてふるまわなければなりません。厳しい掟や、権威づくで迫るよりも、このような心にひびくやり方のほうが、人々をずっとよく神に近づけることができます。とにかく聖霊が人々の心に働きかけるのは、こういう具合なのですから」

[MP19・26]

マルグリットたちは、家から家へと訪問して歩き、母親や娘たちの打ち明け話を聞いてやる。その話から、彼女たちがたびたび性的暴力の犠牲者であることもわかった。

「私たちは、親切、敬意、愛徳、単純さをもって、女の子は男の子と一緒に寝ないように、子供たちは父親や母親と一緒に寝ないようにしなさいとすすめました。何と感心なことでしょう。かれらはそのすすめに従おうとして、子供のベッドを持たない母親は、子供を藁の上に寝かせたり、椅子でベッドを作ったりするのでした。ときには、学校のベンチの上で寝てもよいかと頼む子供もいるのでした」

マルグリットたちは、心ある人々のところへいって、最も貧しい子供たちのために、ベッドを寄付してくれるように頼んだりした。

日曜日と祝祭日には公教要理を教えた。婦人たち、娘たちがたくさん集まり、場所が狭くなったため、壁を壊して広げたこともある。ニコラは、マルグリットたちを励まし、助言を与え、支え、養成する。

「自分がはっきりわかっていないことを、人に教えてはいけません。いい加減なことを教えると、頭の中が混乱してしまいます［AC］。とくに、心の祈りを教えなさい。それから、神の現存に生きる練習をさせてください」

これほど多くの若い娘や一般信徒が、小教区教会以外の場に集まることは、今までルアンの町ではけっしてみられなかった。こうなると、ある主任司祭たちは心穏やかではない。彼女たちがバレ神父に支援されていることは誰でも知っていたが、ミニム会の中には、バレ神父の創意によるこの仕事を、快く思わぬ者がいた。サント・アマンの主任司祭は、自分の小教区で彼女たちが働くのを許し、その使徒的熱誠に感服していたが、ほかの多くの司祭は、これは、か弱い女のする仕事でばてい。女性は父親か夫、あるいは修道院の囲いに守られなければ生きていかれないのだから、こんな仕事を一生涯やれるはずはない。そういうことは、教会や社会を不安定にする危険がある。第一、公教要理を教えるのは司祭の務めなのだから……と思っていた。

マルグリットは、ちょっとユーモアもまじえて書いている。

「主任司祭や聖職者の方々は、私たちが日曜日に公教要理を教えることについて難癖《なんくせ》をおつけになりました。私たちがするはずのことを私たちがするのは大迷惑だというわけです。でも私たちは、あの方々にふさわしい恭順と尊敬を十二分に表わし、大変上手にお答えしましたので、そのときから私たちの教えを認めてくださり、私たちは自由にやれるようになりました」

マルグリットは、サント・ヴィヴィアンの主任司祭のことも忘れることができない。

「彼はもう亡くなりましたが、大変立派な博士で、参事会員でもありました。私たちが世話をした初聖体の子供たちに試験をなさるとき、ずいぶんむずかしい神学上の問題やら、ひねくった問題を何人かの神父さま方の前でお出しになったのです。しかし、子供たちが大変よく準備されていることをごらんになり、たいそう感心なさり、その小教区内で私たちが公教要理を教えることを許してくださったばかりか、祝福までしてくださいました」

ルアンに住む裕福な婦人たちは、この生まれたばかりの事業のために、ある者は時間を、ある者は金銭的援助を捧げた。マイフェル夫人は、ルアンに近いダルヌタール村に、少女のための初級学校を開くことを計画してくれた。少しずつではあるが、女性の暮らし方に何かしら変化がみえてきた。

このような試みが行われたのは、これが初めてではないのだが、今回は何か今までとは違う実りがあるように思われる。だが、これがいつまで続いていくだろう？

ご購読ありがとうございます。このカードは、小社の今後の出版企画および読者の皆様とのご連絡に役立てたいと思いますので、ご記入の上お送り下さい。

〈書　名〉※必ずご記入下さい

●お買い上げ書店名(　　　　地区　　　　書店　)

●本書に関するご感想、小社刊行物についてのご意見

※上記をホームページなどでご紹介させていただく場合があります。(諾・否)

●購読メディア
新聞
雑誌
その他
メディア名
(　　　　)

●本書を何でお知りになりましたか
1. 書店で見て
2. 新聞の広告で
(1)朝日 (2)読売 (3)日経 (4)その他
3. 書評で (　　　　紙・誌)
4. 人にすすめられて
5. その他

●お買い求めになった動機
1. 著者のファン
2. テーマにひかれて
3. 装丁が良い
4. 帯の文章を読んで
5. その他
(

●内容
☐満足　☐不満足

●定価
☐安い　☐高い

●装丁
☐良い　☐悪い

●最近読んで面白かった本　(著者)　　　(出版社)

(書名)

㈱春秋社　電話 03-3255-9611　FAX 03-3253-1384　振替 00180-6-24
E-mail:info@shunjusha.co.jp

郵便はがき

料金受取人払郵便

神田局
承認

1280

差出有効期限
令和5年3月
31日まで
（切手不要）

101-8791

535

千代田区外神田
二丁目十八―六

春秋社

愛読者カード係

お送りいただいた個人情報は、書籍の発送および小社のマーケティングに利用させていただきます。

フリガナ) お名前	歳	ご職業
ご住所 〒		
-mail 社より、新刊／重版情報、「web 春秋 はるとあき」更新のお知らせ、 ベント情報などをメールマガジンにてお届けいたします。	電話	

新規注文書（本を新たに注文する場合のみご記入下さい。）

注文方法 □**書店で受け取り** □**直送(代金先払い)** 担当よりご連絡いたします。

地区	書名		冊
			冊

7章　委託と離脱のうえに

ルアン　一六六六―一六六九年

バレ神父の指導のもと、献身的な女性たちによって始められた初級学校と日曜日の教えは、やがて四年になろうとしている。経済的には救済院運営委員ローラン・ド・ビモレルや、グレンヴィル夫妻、マイフェル夫人たちが積極的に助けてくれているし、アントワンヌ・ド・ラエだけでなく何人かの主任司祭たちも支援を惜しまぬようになった。

一方、アドリアン・ニエルは今も男子初級学校のため奔走を続けている。女教師たちはいつのまにか、お互いを「愛徳女教師《メートレス・シャリターブル》」と呼び合うようになった。なぜなら、奉仕に対する謝礼を子供たちの親からは一切もらわないからである。

彼女たちの仕事は辛く、人から重んじられることもない。雇い主である救済院や小教区は、給料としてだけ五十エキュだけ払えばよい。五十エキュというのは、人が一人やっと生活できる額である。だからニコラ・バレが言うように、まったく無私無欲の者でなければ耐えられない。耐えられない者は去っていき、残る小さなグループは、絆をいっそう固め、同じ精神で生きていく。ともに祈り、話し合い、養成し合い、そして働くのである。将来のことは心配していない。仕事に打ち込んでいれば、神が面倒をみてくださるだろう。これがバレ神父の考えであった。

ある日、バレ神父が女教師たちとともにいたとき、彼の心に一つの考えがひらめいた。そのひらめきはゆっくり熟し、だんだんはっきりしたものになり、ついには彼の祈りの中にまで浮かんでくるようになった。

この「愛徳女教師」たちに、一つの共同体をつくることを提案してもよいときがきたのではないか？　それは修道会ではなく信徒の共同体で、皆が同じ使徒的決意に結ばれ、同じ精神に燃え、神の摂理に全面的に委ねている共同体である。隠遁修道院《モナステール》や修道会《クーヴァン》に与えられる保障を放棄し、その代わり、見捨てられ、打ち捨てられている貧しい婦女子のいるところにこちらから出かけていく自由を確保し、彼女たちの人間養成、霊的養成のために働く共同体である。

女教師たちの中に、このような可能性を思いついた者は一人もいなかった。だから、最初こうしたほのめかしを聞いても、何のことだかわからなかった。ふたたびマルグリットの手記を読んでみよう。

「(サント・ヴィヴィアンでの要理試験から)少しあと、バレ神父さまは、共同体をつくるという思いに強く促されているとおっしゃいました! 神父さまは私たちにこんなふうに提案なさり、遣わされたのです。

『カルメル会のそばで学校をしている姉妹たちのところへいって、一緒に食事をしてみてください。そのあと今度は、苦行会のそばの学校で働いているあなた方のところにきて食事をするように招きなさい。そして、お互いに一つになって生活していかれるかどうかみてください』私たちは従順によって、そのとおりにしましたが、ただ言われたから実行したのでして、その深い意味はまったくわかりませんでした。次に、バレ神父さまは私たちにお尋ねになりました。『あなた方は、共同体として生きていこうとは思いませんか? まったく保障のない生活だということを承知のうえで。あなた方は必要なものを、ごくわずかもつだけです。病気になれば貧民病院に送られるでしょう。誰からも見捨てられ、道端で死ぬ覚悟でなければなりません。そして、一生涯この決意を貫かなければなりません。さあ、どう答えたいかよく考えてみてください』私たちは心の底から答えました。『はい、望みます。まったく無私無欲をもって、神の摂理に委ねます』

答えるや否や、ただちに実行に移しました。私たちは共同体となったのです」

ニコラは何も押しつけなかった。「お互いに一つになって生活していかれるかどうかみてください」「どう答えたいかよく考えてみてください」と提案したのである。若い女性たちの「はい」という答には迷いがなかった。答は体験にうらづけられていた。彼女たちは、自分たちの信頼はけっして裏切られることはないと知っていた。

小さなグループが成立した。グループのまとめ役はフランソワ・デュヴァルである。ドュ・バック夫人という人が、この小さな共同体の物質的配慮を引き受けてくれることになり、皆はこの夫人を「長上」と呼ぶ。初めの数年間は、らくではないにせよ、少なくとも幸福に輝いていた。「私たちは、聖なる一致、柔和、謙遜、互いに仕え合い、潜心と沈黙を守って暮らしておりました」[ML]

同年、アドリアン・ニエルも男の教師とともに同じような試みを始めた。しかし、男の教師間の絆はもっと弱く、一致はもっとむずかしかった。

一方、それまでルアン市において勢力をもっていた、聖体会に属する男性グループが、この一六六六年にひどい打撃を受けた。国王の勅令によって会の解散が命じられたのである。

そして、実際に消滅してしまった。

王権は、王権以外のいかなる権力も認めない。ルイ十四世にとって、フランス教会は、たとえ内部に分裂があるとしても、彼に対抗する一大勢力であることには変わりない。彼はまた、フランス国家の問題に、ローマ教皇が介入することをも許したくなかった。国家と教会（それは一部の司教、修道会、信徒のグループであるが）との緊迫した関係は、このまま継続していくであろう。


このような背景の中で、ニコラ・バレはニジョンで開催される管区総会に、ふたたび代表者として出席した。その数日前、ミニム会修道院は集会を開いて院長を選出している。ミニム会の規則は、院長の職を二年間継続することを認めないので、毎年院長の選出が行われるのである。

今回ルアンの仲間たちは皆、バレ神父を選んだ。仲間たちは、ニコラの疲れを知らぬ奮発心に感嘆していた。とくに彼の力強い、しかも親切な指導に敬服していた。ニコラは、院長職を引き受けるにはふさわしくないと思いながらも、前回のアミアン滞在期の終わりごろとは状況も違い、断わる正当な理由がない。彼は院長の任命を受けてルアンにもどってきた。

その少しあと、一通の文書がルアンに届いた。その文書は、シャール・デュミアという人が、リヨンの市議会に提出した手書き文書の写しである。デュミアは、リヨン教区のすべての学校の責任を託されている司祭で、その地方では名が知られていた。ルアンに届いたその文書は関係者に回覧された。ある者はそれを読んで驚き、ある者はつまずいた。

しかし、この文書に描かれている状況は、数年前からのルアンのそれとよく似ている。ニコラ・バレやアントワンヌ・ド・ラエ、そして「愛徳女教師」グループは、まさにこのような状況に対応してきたのである。

もし、このフランスの中に、若者全般の不幸に気づき、世論に呼びかけ、何らかの行動を起こす人がいるなら、大きな希望が生まれるだろう……シャール・デュミアはこう思って、この文書を書いたのである。

文書は、リヨンの行政関係の人々が、絹織物の産業開発によって町を富ませたことに対して、幾分皮肉まじりの賛辞をおくるところから始まる。

「市当局は、このリヨンを商業都市として発展させ、住宅計画を進め、よりよい法制を敷き、その配慮は道路の敷石から十字路の泥土にまで及んでいる。しかし、これらは表面的な行政であって、悪臭を放つ下水を隠すヴェールにすぎない。

金持ちの子弟には勉学の便が図られているが、貧しい家庭は、子供たちを教育する方法をもたないため、子供たちはまったく無知のまま放置されている。かれらは生きていくことだけで精一杯であり、よりよく生きるにはどうすべきかなどと考えるゆとりがない。

第一、親自身がしつけられていないのだから、自分が受けていない教育を、どうして子供たちに伝えることができようか。残念ながら、庶民の子供たちの教育がなおざりにされていることは事実であり、これは国家にとって重大なことである。人数からいっても、最も数の多い庶民のための学校を建てるほうが、豊かな家庭の子供のための学校を建てるよりもずっと必要なことである。

教育を受けていないがために、若者たちは神について驚くほど無知であり、それは社会にも大きな損害を与えている。なぜなら、教育を受けていない若者は、のらくら者になりやすく、道路をだらだらと歩きまわって時間をつぶす。辻にたむろして、つまらぬ話に興じ、だんだん言うことを聞かなくなって好き勝手にふるまい、賭けごとにふけり、冒瀆、喧嘩を始める。さらに、酔っぱらい、セックス、窃盗、追いはぎに身をやつす。ついには体罰、懲罰に処せられ、断頭台の露と消えるような、国を損なう者となる。

貧しい若者によい教育が必要なら、同様に、娘たちにも必要である。女性は男性よりも弱いものであるから、もっと徳によって支えられる必要がある。家の中の無秩序と嫉妬、町の中の淫らな場所や救済院の中で子供たちが受けているひどい仕打ち、公の不倫、これほど多くの悪がよってきたるところは、一体どこだと思っているのだろうか？」

デュミアはこのように述べたうえで、上手に訴える。

「このような悪の根源にとどめをさし、町や村をキリスト教的に刷新させるには、貧しい家庭の子供たちを教育する初級学校を建てる以外には方法がない。初級学校において、神を畏れ敬うことを習うとともに、よい生活習慣を身につけ、力のある、しっかりした教師から読み書き計算を学ぶ。教師はまた、若者たちがそれぞれの職業について働くことができるような指導も与える」娘たちの教育を担当する者たちは、「町の淫らな場所を消毒して歩く苦労をもうしないですむようになろう。なぜなら、無為と貧困の二つが売春の原因なのだから、娘たちが神の教えを聞くことによって精神が照らされ、仕事を覚えて職につき、生活が保障されるなら、売春も一掃されるであろう。

貧しい人に食べ物を与え、着るものを施すことは、一時的な恩恵にすぎない。しかし、よい教育は一生涯に及ぶ施しであり、若者に与えられた精神的糧は、彼の中にいつまでも蓄えられ、彼は一生涯そこからよき実りを引き出すことができるのである……」

三十歳そこそこの若き司祭デュミアの呼びかけは、悲壮なまでの要求であった。それは、貧しい子供たちの教育を目的とする初級学校を、早急に、たくさんつくらなければという、きわめて具体的な提案である。この呼びかけは大きな反響を呼び、数年後には印刷されて、もっと広範囲に配布された。

その印刷を待たずとも、この話題はすでにパリ市内に広がっていた。若き助祭ニコラ・ロランが住むランスの町にも伝わったにちがいない。彼はマイフェル夫人の親族の一人であり、司祭叙階を目前に控え準備にいそしんでいた。

ニコラ・ロランは、貧しい人々に生涯仕えて暮らしたいという熱望を抱いていた。彼は一六六八年、司祭になるや否やパリにいき、ヴァンサン・ド・ポールとオリエの友人たちに近づいて、その教えと、かれらの使徒活動を実際に学んだ。そして、パリのあとルアンにまで足をのばした。

彼にとってルアンは初めてではない。ニコラ・ロランの父親が、マイフェル家の一人とともに織物業にたずさわっていたころ、マイフェル家を訪問したことがある。それはまだ司祭になる前であった。

彼はパリにいるあいだに、ルアンのアントワンヌ・ド・ラエの使徒的熱誠や、彼の小教区で始められた初級学校の活動についてよく聞いていた。

そこでニコラ・ロランはアントワンヌ・ド・ラエの家を訪ねていった。ところが、彼の家はもういっぱいであった。ド・ラエは司祭召命を感じている貧しい若者たちを自分の家に引きとり、勉学の便宜や信仰生活の土台固めに力を貸してやっていたのである。ロランはド・ラエに頼んだ。

「ここで黙想するために、泊めていただけないでしょうか」

ド・ラエは、場所も時間もないからと言って断わった。
「場所がありません。私の部屋でも空けないかぎり」
「まさかあなたの部屋というわけには……」
「この階段の下ぐらいなものですよ、空いているところは」

ロランはその冗談をつかまえた。早速、階段の下にもぐりこみ、それから六か月間、毎晩そこに寝た。彼はやがてニコラ・バレや「愛徳女教師」グループとつながりをもち、そこで多くのことを学び影響を受けた。そして、二十六歳のニコラ・ロランは、打ち捨てられた若者たちのために生涯を捧げ、赤貧に甘んじて生きる決意をとるに至った。

ニコラ・バレは、ニコラ・ロランは聖人への道を歩む人だと直観した。そして、アントワンヌ・ド・ラエと相談して、一六七〇年の四旬節に彼にもう一度ルアンにきてもらい、説教を頼むことに決めた。

一六六八年、北フランス一帯にペストが流行し、ルアン市も、アミアン市も一様にペストに襲われた。

一六六七年の九月以降、修道院の院長職から解放されていたニコラ・バレは、全面的に使徒職に打ち込んでいた。学校や教会で働いている女教師たちと、定期的に出会うことができるのは彼にとって大きな喜びであり、疫病によって何百人となく死んでいく人々を見る辛さも、そのときだけは幾分慰められるのであった。

ニエルに養成された男の教師たちは、自分たちも「幼きイエスの学校兄弟会」を設立したいと願ってきたので、バレ神父はかれらの指導者となることを承諾した。バレ神父は、かれらの召命を「まったき委託と離脱［MF4］」のうえに固めるには、ただ、しっかりした霊的・使徒的養成しかないという確信を、ますます強くしていた。しかし、彼の時間とエネルギーは、すでに霊的指導、人々の訪問に対応すること、信仰から離れてしまった人々を改心に導く使徒職に奪われていた。もう少し仕事を加減するようにすすめると彼は答えた。

「イエスを見てください。神秘体のかしらであるイエスは、ご自分のからだである私たちのひどい罪をごらんになって、私たちの何倍もの苦しみをいつも心の中で苦しんでいらっしゃるのです。イエスはいつも他人の罪の重荷を背負っておられました。私たちも救い主にならって、隣人が罪から抜け出られるよう全力を尽くさなければなりません。そのために、自分の時間も、利益も、財産も、いのちも全部捧げなければならないのです。聖パウロも言っているように『私は、私のもっているものすべて、自分自身までも、あなた方の救霊のために捧げます』」［MTP217・218］

ニコラ・バレは、最もかたくなな心をも動かすことのできる言葉をみつけるために、徹夜して祈り、断食をした。そして、ついに適当な言葉を見出す。それは彼がその人の心の中に入ってその人を理解し、その人自身さえ気づいていない苦しみをともに味わうからであった。

「イエスのあとに従い、私は、私の兄弟たちのあらゆる罪を負う罪人のように自分を見なしています」[RA10]

改心という非常に困難な道を歩んでいる何人かの人々を指導しているときであった。ニコラのもとに、母がペストにかかって危篤だという知らせがとどいた。


妹たちは、兄がすぐ故郷に帰り、母の最後を看とってくれることを願っていた。院長アントワンヌ・ランゴーはニコラに、できるだけ早く出発するようにすすめた。しかし、ニコラはためらっていた。同僚たちもしきりに帰郷を促したので、ニコラもようやくその気になり、自室に入って旅仕度を始めた。彼は病床の母のことを思った。それから、母に会いにいくために残していかなければならないあの人々のことを思った。

「母に会えれば、母も私もどれほど嬉しいことだろう。だが、このかわいそうて人たち、一緒にいて、改心を手伝うと約束したこの人たちは、私が出かけてしまったらどうなるのだろう？」

彼は旅仕度の手をとどめ、心の中ですべてを神に奉献し、決意して院長の部屋にいった。

「アミアンにはまいりません」

そのまま彼は聖堂にいき、心の苦しみを神のみ手に委ね、母への思慕の情に耐えながら、心の中に平安が少しずつもどってくるのを待った。

一六六八年九月、ニコラ・バレはふたたび院長職についた。総会の席上、この任命が発表されると、アントワンヌ・マッソン神父は、総会出席者全員の前で、これに強く反対した。彼は、バレ神父の資質と力量を十分に認めてはいたものの、霊的指導と養成とに多忙をきわめているバレ神父に、院長の責任を負わせるのは不条理だというのである。だが、選出はもうすんでしまっているので、否認するならこの会議でする以外にはない。しかし、同僚たちは、誰もマッソン神父の意見に従わなかった。

確かにバレ神父のすぐれた資質、すばらしい知性は誰にも知られていた。また、彼が有名になり、人々から賛辞を受けても、そのために彼がミニム会士として守るべき会則から遠ざかるようなことはけっしてないことも知っていた。反対に、バレ神父は人々から尊敬されればされるほど、自分の至らなさをいっそう意識しているように思われた。彼が新しい事業を支援して、女性たちに日曜日の公教要理を教えさせたり、娘たちの教育に当たらせたりしているのを見て、あんなむだな仕事を、と非難する者は、相変わらず彼の修道院の内にも外にもいた。しかし、そういう声に彼は動かされなかった。

「すべての人に、たゆまず善を行っても、そのお返しにひどい仕打ちを予期しなければなりません。誹謗、中傷を受けるなら、大雨に降られたときのようにすればよいのです。

しばらく木の下に雨宿りして、雷雨が過ぎるのを黙って待っています。雨がやんだら、まるで何事もなかったように歩き出し、仕事を続ければよいのです」[MTP35・79]

ニコラが心配しているのは、愛徳学校事業に対するこの種類の非難や反対ではない。彼が心を痛めているのは、この事業の将来をもっと確かなものとするためには、今のようなやり方ではだめではないかという声が、しばらく前から聞こえてくることである。「男女教師に対する要求が高すぎる、未来の保障のない、不安定な生活は長く続かないに決まっている。もし、誰か財産家が、自分の所得を学校事業継続のための運用基本金にしてくれるなら、女教師も男の教師もどんどん増え、熱意も増すであろう。寄付してもよいと思っている人が、現に何人かいるのだから……」

しかし、このような考えは、ニコラのものではなかった。ニコラに言わせれば、保障や安定こそ事業を崩壊させるものなのだ。彼は、この冒険に喜んでのりだしてくれた最初の姉妹たちと、この問題について何度も話し合った。彼女たちは、バレ神父の確信に同意した。

この小さなグループ――やがて、それも三十名になるが――に加わる者は、どうしても、この条件を受け入れなければならない。そこで、この条件を入会希望者に知らせるため、一つの文書を作り、新しく加盟する者が、共同体の一員となる日に、その文書に署名させることにした。文面は次のとおりである。

「イエス

幼きイエス愛徳学校の女教師の会の目的は、キリスト教教義の基礎を、女性たちに教えることです。姉妹たちは、全世界に教えを伝えるために使徒たちを駆りたてた無私無欲の精神をもって、使徒的なやり方でこの目的を果たします。ですから、この会に受け入れられたいと望む者は皆、この目的をよく知らされなければなりません。本会は、他の会のように、恒久性のある確実な会ではないことも承知しておかなければなりません。この会に受け入れられても、死ぬまでここにいられるとか、あるいは長いあいだいられるとか確約することはできません。会を保障するものは何もありませんから、その人が退会させられる場合、何かを報酬としてあげるという約束も長上はいたしません」

彼女たちの尊敬する創立者バレ神父の望みは、彼女たちが、賢明にして愛深く力ある神の摂理にまったく依り頼み、自分たちの生活維持、衣食住に関しては、いつもただ摂理にのみ依存する者となることであった。彼女たちが、神と隣人に無償で仕え、純粋な愛によって働くなら、人間の力では与えることのできない、すばらしい報いを受けることができると彼は確信していた。彼女たちは、神の国のみ求める者に、神が、この世で、また永遠において与えようと約束してくださった、大きな、すばらしい報いをいただくのにふさわしい者に必ずなれるのである。

「そこで、会の精神の最も重要なこの事項は、誰もがよく教えられ、後日、度重なる規則違反や不忠実によって退会させられることになっても、不平を言うことのないよう、次の条件のもとにのみ入会が許されることを、共同体に入るや否や、厳粛に申し渡されます。

1　神と隣人に忠実に仕えることによって、完徳に至るよう熱心に励むこと。

2　本会でどんなに長く奉仕しても、どんなに立派な仕事をしても、現世的な報いは何も期待しないこと。

3　退会したいと思えば、いつでも自由に退会できる。同様に、長上はその姉妹が本会の使命にふさわしくなく、その能力もないと思うなら、たとえ何年間奉仕したあとでも、報いを与えずに退会させることができる」

この文書はまことに明瞭である。会が大きくなるにつれて、あちこちの村や田舎に分散して暮らすようになった姉妹たちにとって、これは彼女たちを一致させる大切な約束であった。文書は次の言葉で結ばれている。

「次に署名する私たちは、右の記述を再三再四読み、これらの条件を受け入れ、これらの条件のもとに愛徳学校の会に入ったことを証します」

次いで三十人の署名（字の上手下手はあるが）がある。確かにこの文書には、いささかもあいまいなところがない。しかし、この条件を貫くことは、実際、どれほど大変なことであろうか。

ルアンのミニム会聖堂の尖塔。

8章　み国のきたらんことを

ルアン——パリ——ルアン　一六七〇——一六七五年

一六七〇年、ニコラ・ロランは四旬節の説教をするために、ふたたびルアンを訪れた。今回、彼はニコラ・バレ、アントワンヌ・ド・ラエとゆっくり話し合うことができた。かれらとともに、庶民教育に献身している人々とも会えた。この仕事に対する反対者たちの声も聞いた。バレ神父は言った。

「反対されても驚くことはありません。この愛徳女教師の小さなグループが貫こうとしている主義は、まったく特別で、誰にも考えられないほど珍しいものなのです。ですから、本当に理解できる人はごく少なく、多くの人からの批判を受けています。この会は、

ただただ、委託と全面的離脱のうえに置かれているのです」[MF3・4]

会に所属していない、世間の運営委員たちは、会を支援するために力を尽くしてくれた。だが、かれらはときどき、自分たちの責任範囲を越えた発言をすることもあった。運営上もっともではあるが、まったくの人間的配慮からの助言は、会の精神を損なう恐れがある。ニコラはかれらに、「この会は神のご計画によって生まれたのです。人間の判断や、世間的な知恵に依存すべきではないのです」[MF8]とたびたび言っていたが、かれらはその言葉に耳をかさなかった。かれらは、この事業の物質的土台を固め、将来、経済的に困ることがないようにしたかったのである。

セルヴィアン・ド・モンティギー神父、グレンヴィル氏たちは、私財を投げ打って基本金《フォンダシオン》をつくる覚悟であった。その資本をもとに安定した収入を得て、学校運営のために当てるわけである。

この考えは、ときには一部の女教師たちからも支持された。ある女教師は、事業の将来を案じたのであろう。ほかの女教師は、実際にやっていくうちに、委託だけで生きていくのはあまりに厳しすぎると感じたのかもしれない。

そういう女教師の一人、二人があるときその思いを聴罪司祭に打ち明けた。この司祭は運営委員たちにこれを伝えた。やがてニコラ・バレの耳に入り、彼は非常に悲しんだ。会員はますます増え、あちこちに派遣され、遠くの村々にもどんどん分かれていく。しかし、彼女たちを生かす精神が消滅していくなら、一体何の益があろう。

バレ神父はこの件について、ニコラ・ロランとよく話し合った。ニコラ・ロランは、同じような事業をランスで始めようと思い、しきりに計画を練っているところである。バレ神父は、何度もくり返して言った。

「運営委員であろうと、後援会の夫人であろうと、女教師であろうと、深い信仰と救霊に対する強い奮発心をもち、完全に無私無欲で、摂理に全面的に依存している人でなければ、けっしてこの共同体の中に受け入れてはなりません。この精神から離れることは、聖霊から離れることなのです。この人が入会すれば物質的に大きな支えとなるとか、この人はすばらしい才能をもっているから大いに役立つだろうと思っても、そういう理由では、けっして入会させてはいけません」[AS8]

会の起源であるこの精神に忠実に従うことがむずかしくなったころのことを、マルグリット・レストックは、のちに次のように書いている。

「数年経ってから、非常に大きな困難にぶつかりました。それは、主任司祭あるいはほかの聖職者、修道者、世間の人々からもたらされた困難でした。そのため、バレ神父さまは大変苦しまれました。神父さまはたくさんの汗を流し、苦労し、会をつくっていくために、多くの犠牲を払いました。私たちに聖なる、まったく神からの勧告を与えるため、疲れはて、健康を損なうほどでした。神父さまは、私たちの救いと、隣人の救いのために、私たちにとって必要なことのすべてを、私たちの心と精神に吹きこんでくださいましたが、神父さまがどれほど苦労なさったか、とても言い表わすことができません」

ニコラ・ロランは、同じような事業をランスで始めようとしていた。そして、ルアンでの活動に最初からたずさわり、会の精神をよく身につけている女性の一人に助けてもらう必要を感じていた。

この思いを、アントワンヌ・ド・ラエと、ニコラ・バレに打ち明けると、かれらはすぐフランソワズ・デュヴァルがよいと考えた。

彼女は二十六歳、貧しい人々を愛し、使途的熱誠に燃えていた。フランソワズは、冒険ともいえるこの仕事を引き受け、アンヌ・ルクールとともに出かけることになった。ロランは、事業に適当な家をみつけたらすぐ知らせると言い残し、希望を抱いてランスに帰った。

アントワンヌ・ド・ラエが死んだのは、そのすぐあとである。よき友、よき協力者、疲れを知らぬ熱心な司祭を失った身近な者の悲しみ、そして一般庶民の悲しみは大きかった。彼の遺体のまわりには、泣きながら祈る貧しい人々が群れをなした。

バレ神父にとって彼の死は、初級学校事業の中心的働き手、グループの使途的精神の守り手の喪失であった。これからバレ神父は、たった一人で多くの敵に立ち向かわなければならない。

この知らせがランスにとどくと、ニコラ・ロランもひどく力を落とした。彼はランスにもどってから、孤児たちの世話に打ちこみ、とくにヴァーレ夫人の家に収容されている子供たちのために働いていた。

この事業は、ランス市当局の行政官との対立を招き、かれらはロランが貧しい子供たちのために熱心すぎるとか、余計なお金を使うとか、摂理に対する委託が過大だとか言って非難した。しかし、ニコラ・ロランは、ルアンでの体験に支えられ、友であったアントワンヌの思い出に励まされ、バレ神父の助言に強められて、勇気をもって前進していった。

ロランは、ランスの救済院から、経済的に援助してもらおうと思っていた。だが、救済院の中にも、すでに孤児院ができていたので、その願いは叶えられなかった。そこで彼は十二月二十二日、バルバートル通りの一軒の家を自分のお金を出して買い、そこに初級学校を開くことにした。

この事業にたずさわる若い女性たちを養成するのが、バレ神父の会の姉妹たちであった。

姉妹たちはそのころ「幼きイエス会」あるいは「摂理会」と呼ばれていた。

十二月二十七日、フランソワズ・デュヴァルとアンヌ・ルクールの二人は、ルアンを去ってランスに向かった。仲間の姉妹たちは、未知の地に赴く二人の辛さを思いやった。しかし、同時に、二人はきっとランスで、ルアンで働いていたときよりももっとすばらしい仕事を、ニコラ・ロランとともにするにちがいないと信じ、喜びと期待をもって見送った。

ニコラ・バレも、この出発を喜んで見送った。彼は先ごろ、ふたたびミニム会修道院の院長に任命されていた。アントワンヌ・グランジョン神父が、任期を終えたあとである。彼はおそらく、二人の姉妹が出かける前に、彼女たちとじっくり話し合うときをもったであろう。

「愛徳学校の仕事は、すべてイエスのため、イエスがこの世にこられた目的のためだということを忘れないでください。イエスか歩まれた道を、イエスが歩まれたように歩みなさい。それは、清貧、小ささ、そしてまったくふつうの生活の中での謙遜です。イエスの馬ぶねから、けっして離れてはいけません。ですから、すべてにおいて単純さを守りなさい。聖堂の飾りつけに至るまで」

確かにこの会の生き方は、世の流れに逆行しているように思われた。当時の教会は、複雑華麗なバロック様式の装飾をもって神に光栄を帰そうとしていたが（光栄を帰したかったのは、それをつくった芸術家、あるいは寄贈者だったかもしれないが)、彼女たちの聖堂には、そのような飾りつけも避けるべきであった。

フランソワズとアンヌがランスに出発したのは降誕節だった。それは二人にとっていっそう意味のあることだった。二人の生活は、御降誕の光に導かれて日々いとなまれていったからである。

やがて、シャンパーニュやノルマンディからも仲間たちが集まり、グループも大きくなり、土台もしっかりしていった。二人の姉妹は、その後もルアンの共同体とかかわりをもち続け、バレ神父からも、ときどき励ましの手紙を受けとった。

ロランはバレ神父を心から信頼していた。バレ神父は彼を励まし、気づかせ、勧告し、柔和、親切、忍耐をもって導いた。

バレ神父は、ひとたび被指導者の歩むべき道を見分けたなら、どんな困難があっても、その人が勇気をもって力強く歩んでいくよう、愛と確信をもって導いていく。そして、もう試練にも耐えうるとみると、まるで彼を見捨てたかのように手を引いて、彼にイエスのみを当てにすることを学ばせる[MD]。バレ神父は、ニコラ・ロランや、フランソワズ、そしてアンヌはこのように扱うことができると思い、それを実践した。

次の年の夏、ルアンの修道院には悲しい出来事が起こった。学生たちと一諸に水泳にいったエチエン・モリアン神父が、学生の一人が溺れそうになったのを助けようとして、自分も死んでしまったのである。バレ神父にとって、若い神父を失ったことは大きな悲しみだったが、モリアン神父の悲劇的な最後は、いっそうつらい試練であった。モリアン神父は、バレ神父にとって、同じ修道院に住む修友の一人というだけでなく、心を打ち明けることのできる友だったのである。

エチエン・モリアンは、ニコラのように神学の教授だったし、ニコラと同じように、ひどい霊的疑念に悩まされたことがある。人から、そして神からも見捨てられているような辛さを味わったこともある。勉学のため、エチエンがルアンから離れていたときも、二人は文通し合っていた。バレ神父の次の手紙は、確かにエチエンに当てて書かれたものであろう。

「あなたからのお手紙は、たとえどんなに短いお手紙であっても、私はすっかり嬉しくなり、神さまにお礼を申しあげずにはいられません。なぜなら、私が敬愛してやまないエチエン、もう一人の自分のように大切な存在であるあなたに、神さまがこれほどの恵みとあわれみを表わしてくださっていることがわかるからです。私の貧しい心とつたない愛が、まるで私自身を吐露するかのように溢れてまいります」[L18]

アントワンヌ、次いでエチエンと、バレ神父から最良の友が去っていってしまった。始めた事業は相変わらず反対されている。目に見える反対もあれば、目に見えない反対もある。フランス国家の状況も楽観を許さない。プロテスタントに対する迫害が再開され、好戦的なルイ十四世が、ふたたび武器を手にするであろうと噂されている。飢えとペストが何年も続いたあと、今度は増税が心配されている。ヴェルサイユ宮殿のぜいたくや、戦争の被害の支払いのため、あらゆる税が引き上げられるということだ。不安なことがいろいろある。

ニコラもそういうことは知っているが、心の中の平和を誰にも乱されないように努力していた。悪い知らせがとどいても、彼は反抗や驚きの言葉を一切洩らさず、神は最も絶望的な状況をも、神の光栄と私たちの善益のために役立たせてくださると言って、神の憐れみを賛美するのであった。心と精神が、最も深い闇の中に閉ざされていたときも、開かれない道は絶対にないと信じ続けていた。会の設立に際し、誰もが反対しているときでも、彼はいつも「万事順調です。万事、あるべきように動いています」と言っていた。[Raf]

ある日バレ神父は、彼の助けを必要としている一人の母親に呼ばれていった。おそらく、幼きイエス会の姉妹が世話をしていた、貧しい母親の一人であろう。バレ神父の事業の後援者たちも何人か一緒だった。その途中、一人のひどく興奮した男が現われた。バレ神父は、その男が誰なのか知らない。

――そのころ、バレ神父に対する誹謗、中傷が町中に流れていたためか――男は急に怒り始め、そこにいる人々の前で、失礼な言葉を吐いた。見ている人々には何のことだかわからない。男はひどく罵ってから、今度は暴力をふるい、バレ神父を地に打ち倒し、恐ろしい脅迫の言葉を並べた。

バレ神父は、自分を軽蔑の目で見ている男の前にひざまずいた。そして、この男の言うことはまったく覚えのないことであるにもかかわらず、私が悪かったと言って許しを願い、果たすべき罰を受ける覚悟を示した。男は振りあげた手をおろし、あぜんとして去っていった。ニコラが立ち上がると、人々は彼をとり囲み、ある者は思わず言った。

「このような人前で泥を塗られても、どうして平気でいられるのですか？　あんなでたらめを受け入れるなんて、あまりにも弱いではありませんか」

ニコラは答えた。

「弱いですって！　とんでもない。このような辱かしめを受けて内的平穏を保つには、どれほどの信仰と精神力が必要か。あなたはご存知ないのですね」

翌日、平静にもどった男は、修道院に姿を現わした。彼はニコラの忍耐と謙遜にすっかり感服し、昨日の無礼を許し暴言を忘れてほしいと頼みにきたのである。どうか自分のために祈ってほしいとも言った。ニコラは彼の願いを聞き入れるのに、なんの抵抗もなかった。それどころか、ニコラはこの男の生活に心を寄せ、深い配慮を示したのであった。

一六七二年九月、ニコラはまたもやパリ行きの馬車に乗る。管区総会に出席するためである。

この総会において、自分が新たな職務に任命されるとは、彼はまったく予期していなかった。総会は彼を管区顧問に選出したのである。管区顧問というのは、パリ管区に属するミニム会修道院の全般的責任を負う管区長を補佐する者である。

どうしてこういうことになったのだろう？　多くの修友たちが、ニコラの並々ならぬ資質に信頼を寄せていたからだという答は間違いではない。しかし、ニコラをルアンから引き離し、ミニム会の仕事にもっと身を入れさせたいとひそかに願っていた者もいたからだと言えないこともない。

ニコラは管区顧問の仕事だけでなく、ニジョンの修道院の責任も同時に負わされた。ということは、ルアンを去ってニジョンに住むということである。そうすれば、愛徳学校の事業はどうなるか？　彼は思う。

「神さまが面倒をみてくださるだろう。なぜなら、これは神さまの事業なのだから……」

しかしニコラは、管区顧問として年に何回かルアンを訪問し、修友たちとの絆を保つことができた。ルアンへの旅の途中、一度こんなことがあった。

あるとき、ある町にかなり夜おそく着いたので、彼は同伴の神父たちとともに、そこに一泊することにした。宿は乗合馬車の旅行客が泊まる宿と同じだった。かれらは大部屋に一緒に寝ることになった。場所もあったし、ニコラたちは宿賃もきちんと払うつもりだった。しかし、旅行客は、こんな貧しい修道士たちと一夜を過ごすことは絶対にいやだと主人に迫った。夜もふけ、そのうえ雨も降っていたにもかかわらず、かれらは追い出された。

あちこちほかの宿を探してみたがむだだった。最後に辿りついたのは馬小屋で、かれらはその一隅に横になった。しかし、ニコラの口からは呟き一つ、恨みごと一つ洩れない。むしろ冗談などを言って、こんな目に遭ったのを楽しんでいる様子である。

そう言えば彼は、愛徳学校の最初の姉妹たちに「道端で、のたれ死にする覚悟がなければならない」と言っていた！　それにくらべれば、馬小屋は少なくとも暖かい。彼も死にかけているわけではない！　イエスの両親も同じような目に遭ったのだから、むしろ喜ぶべきだと彼は思ったのであろう。

管区顧問としての仕事はきわめて忙しく、夜の睡眠時間はいっそう短くなった。しかし、人々の目には、彼は以前よりも生き生きとした姿に映り、彼が『愛する友』と呼んでいた苦行を、もう大分前から再開していることにはまったく気づかなかった。

ニコラはランスのニコラ・ロランとその事業のことも心にかけていた。ランスのバルバートルの家で、フランソワズとアンヌは、子どもたちだけでなく、母親たちにも信仰教育をしているると聞いた。フランソワズたちの忍耐強い導きによって、人々はそれまでの無知から次第に目覚め、今までよりずっとキリスト教的な生活をおくるようになったという噂も耳にした。参事会員ロランは、町の一部の人からは批判されているが、彼の信仰と熱誠に感服している人々からは、大いに評価されているということも聞いていた。

しかし、この時点では、まだ『あの人物』は知らなかったにちがいない。『あの人物』というのは、当時二十一歳の神学生である。彼はごく最近父親を失った。母親はその前年に亡くなっている。彼は長男で、六人の弟妹の責任を引き受けるべき身であった。彼は、かのマイフェル夫人の従弟に当たる。

彼はニコラ・ロランを自分の霊的指導者としていたが、家族のこの状況を前にして、司祭への道は断念すべきではないかと考えていた。しかし、ニコラ・ロランは、神の招きに応えるためには、どんなことにも妨げられるべきではないと言い、この道を続けるよう励ました。この若者の名はジャン・バチスト・ド・ラ・サールである。

一六七三年九月、ニコラ・バレはニジョンから、プラス・ロワイヤルに移った。そこで説教師、聴罪師として働くようにとの命令を受けたのである。この修道院は今、改革を必要としていた。

メルセーヌ神父時代、この修道院は、世紀の学者、知者と関係をもち、そのため有名になり賞賛を浴びた。しかし、一六四八年にメルセーヌ神父が亡くなったあと、修道院はやや躊躇しながらも自分たちの道を探し始めた。一部の会員たちは、ここしばらく、会員のある者たちが歩いてきた道よりも、ベリュール、オリエ、あるいはヴァンサン・ド・ポールの神学的・司牧的刷新運動のほうが、創立者の精神に近いのではないかと気づき、この運動にもっと深入りしてみたいと思っていた。

そういう人々の一人にフランソワ・ギリーがいる。彼は一六五二年、家族の反対を押し切って家を出、十一月十九日にミニム会に入会した。ニコラとフランソワはたちまち深い友情に結ばれ、年下のフランソワはニコラを尊敬してやまなかった。バレ神父は、十五年前に修友たちをおいてアミアンに向かったのであるが、今ふたたびもどり、かれらに強い影響を与え始めていた。

しかし、ニコラのプラス・ロワイヤル滞在が長く続かなかった。一年後の一六七四年九月二十七日、管区顧問の任が解かれると、ニコラ・バレを一番よく知っているアミアンとルアンの修道院は、自分たちの院長として彼を選んだ。管区総会はルアンの修道士たちの要望を聞き入れ、ニコラはふたたびルアンに派遣されることになった。

ニコラがパリにいた二年間、彼から助言を受けることのできなかった多くの人々は、大喜びで彼を迎えた。女教師たちの数も増え、初級学校もたくさんになっていた。しかし、彼が女教師たちに求めていた無私無欲と純粋な愛は、運営委員たちの寛大さによってときどき妨げられていた。事業を本当にしっかりしたものとするためには、精神的にも物質的にも、もっともっと深く委託と謙遜の中に根をおろす以外にはない。彼はそう確信した。

ニコラ・バレの伝記を書いた二人の神父は、彼があるとき、一人の公妃から招かれたという出来事を記している。それは、ちょうどこの年ではなかったかと思われる。ニコラが二年間パリにいたあいだに、彼が識別の賜物をゆたかに受けていることや、キリスト者の生活に深い理解をもっていることが、改めてパリの評判になっていた。

世間的サロンにおいて、文学や神学についての討論がなされるときも、ニコラの噂はよく人の口にのぼった。キリスト者が、サロンでまじめに神秘神学を論ずることもあるだろうが、サロンという場はとかく好奇心、競争心、ゴシップのまざり合った、上流社会の出会いの場であることが多かった。

ニコラに面会を求めたのは、王室と親族関係にある公妃であった。この公妃は誰であったろう。ギーズ公爵家のマリー・ド・ロレーヌか、あるいはエリザベス・ドルレアンだったかもしれない。

しかし、謙遜なニコラは、このような申し出を望まない。単なる好奇心からの招待なら、自分にとっても相手にとっても、とりまき連中にとっても益あることではない。そのうえ、日ごろ、できるだけ一般庶民に近づこうとしているニコラの生き方にも反するし、彼に高貴の方からのお声がかかったということで、同僚や、長上までが得意になっては困るのである。

こうした招待に応じることは、ミニム会の精神に合うだろうか？　フランソワ・ド・ポールがナポリ王に会いにいったことはあるが、それは従順によるものであった。そのとき彼は、王にへつらうどころか、王の政策に対し直言したのだった。また彼は、ルイ十一世のところまでいかねばならなかったが、それは、教皇の命令に従うためであり、ルイ十一世が期待した病気の治癒は行われなかった。

フランソワ・ド・ポールの精神を受け継ぐバレ神父は、この面会を断わってくれるよう長上に懇願した。しかし公妃がプラス・ロワイヤルの恩人の一人だとすれば、この招待を拒否して恥をかかせてよいだろうか？　すでに公妃は、ニコラがらくに二日間の旅行ができるよう自分の馭者をルアンに派遣してきたのである。

長上たちは「身分の高い人のご機嫌をそこねるべきではない」と極力ニコラにパリ行きをすすめ、ニコラはもうこれ以上言い合ってもむだだと思い、命令に従った。[Raf]

宮殿には、この有名人がすばらしい話をして、崇高なる神秘の世界に引き入れてくれるのを楽しみにしている人々が待っていた。過激で燃えるような言葉、ある者をうっとりさせ、ほかの者の気持を逆なでし、そこからすばらしい討論が生み出されるような説教！　人々はそれを期待していたのだ。しかし、登場したバレ神父は、何の見栄もしなかった。

彼は話の主導権をとるわけでもなく、質問されれば答えるという程度である。こういう態度は、よけいに人々の好奇心をあおる。いよいよ対談のときがくると、公妃は前々から準備していた質問を出し、その問題について何か光を与えてほしいと願った。ニコラの返事は簡潔で、大切な要点をしっかり押さえてはいるが、ごく慎ましいものであった。表現の中にも、話す内容にも、奇をてらうものは何もなかった。

こういう答は、一同を満足させるものではない。皆が期待していたのは凝った言葉、大げさな話、魅力ある講演なのだ。だが、ニコラの話は冷静すぎた。そこで、ある者は話を皮肉り始めた。ほかの者は「なんだ、こんな程度か」とニコラの評判をこきおろした。

しかし、ニコラの徹底的に単純な態度と、的確な返答は公妃の心を動かした。彼女はニコラが本当に真実な人であることを認め、その感想を述べた。彼女の身辺に仕えている修道士や司祭たちは、公妃がニコラを尊敬し、対談に身を入れているのを見て、自分たちもその話に加えてほしいと頼んだ。またかれらは、ニコラについて世の中に流れているいろいろな論評を耳にしていたので、自分の意見も言いたいものだと思っていた。神秘生活や、信者の歩む霊的道についての微妙な質問も用意されていた。

かれらはまずニコラの返答を聞き、それに対する反論を準備し、それからわずらわしい討論にニコラを引きずりこもうと考えていたのである。賢明で洞察力に富むバレ神父は、そのわなをすぐ見ぬき、言葉の伏兵にひっかからないよう的確に答えたので、かれらも少しずつ敬服するようになった。

かれらの中に、一人の若い神学者がいた。彼はそれほどの経験もないのに自信家で、ニコラの話を軽蔑をもって聞いていた。彼の宗教的理解はまったくの知的把握であったから、ニコラの話の深さを汲みとることができなかったのである。

彼は一同の前に、自分の学問の優越さを示す機会を狙っていたが、ついにニコラを言いまかす好機をみつけた。彼はニコラが引用したトマス・アクイナスのテキストは間違っていると指摘し、ニコラの無知を暴露しようとした。ニコラは狼狽せず、数語をもって若い神学者を論駁したが、相手も頑固に言いはった。

いつもなら、ニコラは侮辱にも、中傷にも、抗議に対しても沈黙を守る。しかし、このときは、自分のことではなくトマス・アクイナスの著作に関する真偽の問題である。そこで彼は、『神学大全』を持ってこさせ、今論議されている箇所を読むように願った。そこに述べられていることは、ニコラの言ったとおり、しかも順序も同じ、言葉もほとんどそのままであった。

神学者は恥じ入った。公妃はほほえみをもってこの会合の結末をつけ、神学者には今後バレ神父の話を素直に聞くようにとすすめた。

数日後、ニコラは自分の修道院にもどった。彼は自分の意に反して訪問したのであるが、公妃の心に影響を与えることができるように図ってくださった神に深く感謝した。一方、公妃のほうも、初めは確かに好奇心もあり、バレ神父の霊的教義に疑問を抱いてもいたのであるが、バレ神父との出会いによって、思わぬ地平線が開け、これから歩むべき道が見えてきたことを認めていた。

「あなたの知恵について私に言われたことを、私は信じませんでした。私は自分の目で見なければ承知しませんでした。そして、自分の目で見た今、人が私に行ったことは、事実の半分でもなかった事を認めます」[TH]

フランソワ・ド・ポールは、自分の意に反してフランスに渡った。しかし、それがミニム会の発展の摂理的機縁となった。もしも、ラフロン、テュイリエ両神父が言うように、この公妃がギーズ公爵家のマリー・ド・ロレーヌであるならば、このたびの訪問はフランソワ・

ド・ポールの場合とまったく同じである。ニコラが自分の意に反して公妃に会いにいったことは、愛徳女教師会の飛躍に摂理的な役割を果たすことになるからである。

9章　み旨の行われんことを

ルアン―パリ　一六七五―一六七七年

一六七四年九月、ニコラ・バレは、ルアンにもどった。しかし、そこには一年しか留まらなかった。院長の任期一年が終了したとき、彼はふたたびパリのプラス・ロワイヤル修道院に派遣されたからである。

ルアンでもパリでも、彼は今や最も著名な聴罪司祭、説教家、霊的指導者の一人となっていた。エヴルーの副司教、アンリー・マリー・ブードンがルアンに住む人に当てた手紙でもわかるように、多くの人々がバレ神父のもとに相談にきていた。ブードンは、小教区の主任司祭たちの働きぶりと、修道者たちが人々に与える影響とを比較してこう書いている。

「ルアンでのバレ神父の評判は、何と大したものでしょう。私の見る限り、修道者たちはよその管区でも有名になり、自分の土地の主任司祭の名前すら知らない人々からももてはやされています。ルアンの多くの主任司祭は、バレ神父に意見を求めますが、修道者が主任司祭に意見を求めたという話は聞いたことがありません」[Pos35]

このような比較をニコラは好まなかった。彼は、アントワンヌ・ド・ラエのように立派な主任司祭を知っていたし、ルアンでもパリでもすぐれた司祭に出会っていた。だから、こういう話を聞かされるときは、いつも次のように答えていた。

「こういうことを言うのは分裂のもとです。イエスの愛は、分裂をもたらすようなものではありません。教区司祭を尊重して修道者を軽蔑することも、修道者を崇めて教区聖職者をないがしろにすることも、まったくつまらないことです。何事にも偏見をもたないこと、すなわちイエスに属するすべての人々とともに、イエスにおいて、みんな一つに結ばれていなければならないのです」[MTP144]

長上が神父をパリに呼びもどしたのは、彼のこのような評判の高まりにもよるのであろう。バレ神父の死後、友人テュイリエ神父が書いた、次の熱のこもった言葉もそれを証している。

「霊的・神秘的生活に関しては、十七世紀において彼とならぶ者はあるまい。彼はこの分野において、その極に達していた。多くの人々は、自分の改心は、もとより神の恵みによるものではあるが、バレ神父の熱誠の賜物であると公言して憚らなかった。彼の熱誠は、どんなかたくなな心にも触れ、改心に導く力をもっていたのである」

高まる評判、人々を改心させ、それまでの軽薄な生活から新しい生き方へと導く力、そして今、不道徳な人や放埒な暮らしをしている人を相手にしているかと思えば、今度は愛徳学校の女教師たちのところで歓談のひとときを過ごしている……バレ神父のこういう姿は人々の批判や嫉妬、ときには邪推まで引き起こさずにはおかない。バレ神父の誠実さを疑わさせるような手紙を長上に送る者、あるいは長上のところに訴えにくる者、さらに司教、修道会総長たちをあおって、彼を「けじめのない不倫な男」として告発しようとする者さえ現われた。

さらにひどくなると、「彼は魔術・妖術を用いて人々の思いをあばき、その行動まで操る」と訴える者までいた。こうなるとことは小さくない。このような理由で告発されれば、当局から詳細に調査され、結果によっては死刑に至ることさえ珍しくないこの時代である。

つい数年前にも、こうした疑いから数名の司祭が教会裁判にかけられ、死刑こそまぬがれたものの、いまだに解決をみていない。疑いを晴らすうらづけがなければ、かれらが司祭職停止処分を受けることは必至である。

バレ神父は、数回にわたって裁判所に出頭することを命じられた。しかし彼は、いささかも動揺しない。

「放っておいてください。中傷家たちの口を封じようとしないで結構です。私がこういうことで悩むのも、かれらがひどいことをするのも、神がお許しになったことです。やがて結論がでるでしょう。いつくしみ深い神は、すべてを私たちの最大の善のため、ご自分の最大の栄光のために役立たせてくださるにちがいありません」[Raf]

事実、彼の言うとおりだった。裁判官に対するバレ神父の返答の賢明さ、謙遜、思慮深さは、調査を短期間で打ち切らせるのに十分だった。そのうえ、裁判官たちは、バレ神父がいっそう司祭職に励むよう、そのつど、バレ神父を力づけてくれるのだった。

ニコラと神のかかわりは、どれほど深いものだったろう。これほどの試練に直面しながらも、常に平静でいられるとは……

霊魂の暗夜、信仰の疑惑、心のすさみ、さらに外部からの誹謗、中傷……このような苦しみの中にいながら、彼はどうして心の静穏を保っていられたのであろう。信仰があれば、苦しみを感じないというようなことはけっしてない。むしろ、信仰は心の傷をいっそう強く感じさせるのである。だが「霊の賛歌」の中で彼が表現しているように、彼は「快い自由」をもって、その痛みを甘受しようとする。

「魂は　純粋に苦しみ
至上の神を　苦しむ
そは　魂を失える
死せる　からだの
苦しみにあらず。
いのちなき　石や水晶が
燃ゆる焔の熱を受けて
助けもなく　ただ不条理に
熱さに耐ゆる
苦しみにもあらず。
この苦しみ
そは
生けるいのち
そのものの　苦しみ」［CS28］

彼にとって、苦しみ、辱しめ、軽蔑、反対は、愛の道を前進するための手段と変えられた。これらの試練は、徐々に、それとは知らぬまに、彼を神の中に導き入れていくものであった。

「知らぬまに」なぜならと彼は言う。もし「それを意識するなら、それはまだ自分自身にこだわっているしるしなのだから」[L37]

ニコラはルアン滞在最後の一年間を、愛徳学校事業の土台固めに当てた。創立当初の精神をそのまま貫いていくことは、どれだけ大変かということが、ここ二年間ルアンを留守にした経験からよくわかったからである。

彼はまず、愛徳女教師会に入りたいと願ってくる若い女性たちの霊的養成、そして教師としての養成のために、「養成所《セミネール》」を開くことにした。彼女たちはここで自分たちの新しい使命の手ほどきを受けるのである。彼女たちは最初の一週間、ただ見学する[SR10・4]そのあと一年間、先輩を見ならって実習する。実習が終わると、初めてどこかの町か村に派遣される。[SR14・20]

ニコラにとって養成とは、理論を学ばせることではなく、実習したこと、あるいは仕事のうえでぶつかった問題や困難をしっかりふり返ることができるよう、その考察を継続的に助けていくことであった。

「志願者たちは、長期間養成を受けてから教場に出るよりも、まず実際に仕事についてみるほうが、ずっと早く進歩する」と彼は書いているが、それは志願者たち一人ひとりの成長をよく観察したうえでの言葉である。

「人は、必要に迫られて、自分でせざるをえない状況におかれると、自然に力がつき、努力も実を結ぶ。その結果、早く一人前の女教師になれる。困難、失敗が知能を磨いてくれるのである。とにかく、学ぶために一番よい方法は教えることである！」[MIS]

女教師たちは、この道に身を投じた以上、その務めをよりよく果たすことができるよう、人間としても、霊的にも、また教師としても、その人なりにたえず養成されていかなければならない。その養成は、ときにはただ、毎日読み書きを練習するというような単純なことかもしれない。なぜなら、子供たちに読み書きを教えていても、女教師自身、十分な力をもっていないこともあるからである。またある者にとって、養成とは、自分自身の信仰を深めることかもしれない。それは、他人に信仰を伝えるため必要なことだからである。子供たちの日常生活を具体的につかむことも養成のひとつであった。子供たちに、信者としての意識を目覚めさせるには、どういうことを要求したらよいのかを現実的に知るためである。

ニコラは、これらすべてにわたって女教師たちを支え、励まし、刺激を与えた。また、祈り、犠牲を捧げ、ときどき体の不調を感じながらも、自分のことは一切かまわず、養成に力を注いだ。

一六七五年十月、ニコラはふたたびパリで神学を教授するためルアンをあとにした。そのときニコラは、ルアンにはもうもどることはないと直感していたのであろうか？

彼はある友人に「み国のきたらんことを」と祈るよりも、「み旨の行われんことを」と祈らねばならないときがあると打ち明けたことがある。それは、このルアンを去るときのことではなかったろうか？　彼はルアンに事業を残していかなければならない。その事業は、非常にダイナミックであるが、同時に壊れやすく、いつまで続けられるか危ぶまれるような事業である。しかし、この事業は、まったく使徒的なものであり、貧しい人々が神の子としての尊厳をとりもどし、神の愛に目覚めること以外には何の目的もない。本当に「み国のきたらんことを」の祈りと実践そのものなのだ。だが今は、この事業を手放し、神にゆだね、決定的にパリに向かわねばならない。「み旨の行われんことを」と祈りながら。

ニコラがふたたび住もうとするパリのマレ地区、プラス・ロワイヤル修道院は、広大な庭園をもつ豪壮な邸宅に囲まれていた。ギーズ公やローアン公の館もすぐそばにあり、狭い道を貴族が乗った幌付四輪馬車が通ると、そのたびに多くの人々の好奇の目が集まった。このあたりには修道院がいくつもあるため、人の出入りが多く、パリの中でも人通りのはげしいところである。そこで、ぼろをまとった貧者や物乞いが、何かよいものがもらえるかと集まってくる。しかし、警察の手入れにぶつかると、ただちに救済院に連れていかれるので、始終警戒していなければならない。一方、この地区の貴族の令嬢たちは「マレの令嬢」と呼ばれ、パリでも有名な女性たちである。こうした対称的な人々の住むこの地区の様子は、ニコラがアミアンに去ってから十七年経った今も、少しも変わっていなかった。何か新しいものといえば、主な通りに街灯がついて、夜の安全が前よりもよくなったことであろうか。それが最もいちじるしい変化であった。

ニコラはミニム会の修道院の中にも、対照的なものを見出した。一方には修道士たちの質素な個室、他方には豪華な聖堂、とくに両側の脇祭壇は立派なものであった。これはこの地区でも最も金持ちの家族のもので、ぜいたくな墓碑銘がはめこまれていた。

修道院そのものにも、当時の風習に従って、凝った装飾がほどこされており、フランソワ・ド・ポールが望んでいたような「貧しく小さな」修道院ではなくなっていた。会議室と食堂は、ラ・イーユが描いた聖書のいくつかの場面と風景画によって飾られていた。

好奇心の強い世間の人が、修道院内の回廊にまで入ってくるが、それは、そこにニスロン神父が遠近法を利用して考案したギャラリーがあるからである。そこにある絵は、見る人の目の角度によって、木や花のある風景に見えたり、パトモス島における聖ヨハネに見えたり、洞窟にいるマリア・マグダレナの姿に見えたりするのである。また、かつて十七世紀の前半にこの修道院で暮らしていた著名な学者、研究家の遺品も保存されており、これも人々の好奇心をそそるのであった。

ニコラは、こういうものには興味がなかった。彼がパリにもどってきたのは、神学を教え、告解を聴き、そして修道院がミニム会の原点にもどって、より真正な生活を送るのを助けるためである。

「学問はしばしば聖性を妨げます。学問は私たちの判断を照らしてくれる限りにおいて役に立ちますが、ふくれあがると自愛心や傲慢を養うものとなります。私たちは、文字どおりミニムにならなければなりません。それは最も小さいものよりも、さらに小さいものになることです」[MTP80・81]

ミニム会の、かつての栄光がやや薄れてきたと残念がる人々に、ニコラはよくこのように言っていた。

ニコラはパリにいても、ルアンで始めた事業と関係を保っていた。彼はまだ、あの会の霊的指導者であり、ルアンからも手紙や情報を送ってくる。彼はまた、ランスのニコラ・ロランとも交際を続け、フランソワズやアンヌが五年たった今、仲間たちとともに、ランスのあちこちの町で、千名近い子供たちを教えていることを知って喜んでいた。

パリのミニム修道院からほど遠からぬサン・ジャン・オン・グレーヴ広場のそばには、ギーズ公爵夫人の館があり、六十歳になった夫人は、そこで質素に暮らし、財産の多くを貧しい人々に施していた。彼女はかねがね、自分の小教区内に、庶民のための学校をつくりたいと考え、資金も用意していた。

この種の学校は、すでにパリのいくつかの地区で試みられており、一応の成功を収めていた。そこで働いているのはサント・ジュヌヴィエーヴ会、聖家族会、サント・アグネス会、キリスト一致会の女性たちである。彼女たちは、ルアンの愛徳女教師たちと同様に誓願は立てず、信徒としての立場で会則に従っていた。物質的な面は、それぞれの小教区の財産家が支えていた。彼女たちは地区内に家を借りて住み、ごく少人数の共同体をつくっていた。しかし世話をすべき若者の数はあまりに多く、その必要に到底応えきれないでいた。

ギーズ公爵夫人マリー・ド・ロレーヌは、バレ神父に相談をもちかけた。彼女は、グレーヴ広場周辺の貧しい娘たちの世話を引き受けてくれる、数名の女性を探していたのである。

そこでバレ神父は、ルアンの愛徳学校の運営委員たちと連絡をとり、アンヌ・コルネーユをパリに呼ぶことにした。少女たちを集めるため、ビレット通りに近いサン・ファロン邸の一部屋が用意された。

アンヌ・コルネーユは、一六六九年にできたあの誓約書に最初に署名した女性である。あのとき、まったき従順を約束した彼女は、ためらうことなくルアンを去ってパリに行く決意をした。パリでは、バレ神父の支えと助言が得られると思うと、生まれ故郷をあとにする辛さも吹きとんでしまうのであった。

パリへの馬車の中で、アンヌの耳に入る話題は、そのころ首都で行われていた評判の裁判のことだったにちがいない。この裁判は、中毒事件にかかわるもので、何でもこの事件には宮廷の重要人物や、教会聖職者までがからんでいるということだ。訴えられた中心人物はブランヴィエ公爵夫人である。

アンヌ・コルネーユは、数か月のちの一六七六年七月十七日、自分が働いている初級学校から数歩のところにあるグレーヴ広場で、ブランヴィエ家の人々が死刑に処せられるのを、自分の学校の子供たちが群集にまじって見ることになろうなどとは、そのとき夢にも思わなかったであろう。

バレ神父は、この夫人のために、また今回の毒殺、魔法、悪霊術によって動揺している人々のために祈っていた。かれらの中には、このような暗い出来事をどう理解したらよいかわからず、バレ神父に光を求めて相談にくる人々もおり、バレ神父は、それぞれに必要な助言を与えていた。[L38]

十一月七日、プラス・ロワイヤル修道院に住むミニム会士四十名（司祭二十名、学生司祭七名、修道士十三名）は、ミニム会総長ピエトロ・コルティ神父を出迎えるために集まっていた。総長の公式訪問に際しては、年齢順に一人ひとり総長に面接することが規定されている。

ニコラは五十五歳になっていた。入会してからすでに三十五年を経ている。彼は共同体のメンバーの八番目に総長の前に出た。面接はかなり形式ばっており、まず胸に手を当てて、これから述べることはすべて真実であるという誓いを立てるところから始まる。ニコラは、管区についても修道生活についても、肯定的な意見を述べることができて嬉しかった。コルティ神父は、プラス・ロワイヤルの大部分の修道士たちが、創立者の精神と会則に従い熱心に生きようとしている姿を確かめて、十一月十九日に帰っていった。

コルティ神父はこのとき、ニコラ・バレ神父が創設した愛徳学校の女教師たちが、ルアンにおいて非常に立派な働きをしていることを聞いた。また、この事業が、か弱い女性たちと神の摂理だけを当てにしているため、その継続について不安に思っている何人かの神父たちの声も聴いた。しかし総長は、この事業の継続について何も反対はしなかった。

アンヌ・コルネーユのまわりには、すでに何人かの協力者たちが集まっていた。ルアンからはマリー・デシャン、マリー・ハイエ、その他はパリの女性たちである。彼女たちは、貧しい人々のために働きたいという望みに駆られてきたのだが、同時に、アンヌの無私無欲の精神、使徒的熱誠に惹かれたのである。

彼女たちは、アンヌがその精神をバレ神父から受けたことを知っていて、自分もバレ神父の養成を受けたいと思っていた。若い男の教師たちも同じように、バレ神父の支援を受けて庶民教育に献身していた。女教師志願者はますます増え、バレ神父はこの一六七七年を一つの節目として、この会を、今後その使徒職の場をさらに広げていくことになるのではないかと感じていた。

マリー・ド・ロレーヌは、ギーズにある自分の領地内の婦女子の教育のためにも、バレ神父の娘たちをおくってもらいたいと願っていた。ルアン、その周辺、ランス、パリ、そして今度はギーズと、この若木は伸び、枝を張り、多くの葉を茂らせ始めているのだ。

ルアンには現在、アベ・デペ通りの本部に男の教師養成所が設置されており、女教師養成所も別にある。近いうちにパリにも設けなければなるまい。いつかはギーズにも、そして神のお望みならもっとほかのところにも。

そうなると、会の規約、優先事項、使徒活動の方針、教育指針、そして、今まで少しずつ積み重ねてきた経験に基づく共同生活の規則を、きちんと書きとめておく必要があるのではないだろうか？

一六七七年八月、草案がまとめられた。『都市、町、村における愛徳学校の女教師の規約と規則』がそれである。テキストは次の言葉で始まる。

「愛徳学校女教師の会の起源は、キリストを信じる人々が滅びることなく、かえって永遠の生命を得るよう、人々を救いの道へ教え導くために、独り子を与えるほど世を愛された神のみ心にある」[SR1]

この言葉は、まず、本会は一つの社会事業ではなく、神のみ心を源とするいのち、イエスに従う使徒の行動を生み出すいのちであることを示している。このいのちは、社会を根本的に変革させる萌芽を内蔵し、姉妹たちは、いつでもただちに「教えに出かける」用意ができていなければならない。すなわち、「天を離れて地上にこられ、とくに素朴な人々、貧しい人々のために働かれたイエスにならい、姉妹たちは派遣されたあらゆる場で、信者たちを養成する」[SR1・17]のである。

これらの規則はあえて、かなりこまかいところにまで及んでいた。それは過去十年間の経験から、共同生活の一般的な規定だけでなく、姉妹同志、あるいは派遣先の人々との関係が、どういう精神に導かれなければならないかについても、規定しておくことが必要だとわかったからである。

実際、姉妹たちの日常生活の中には、人間の弱さからいろいろな問題が起こっていた。金銭や贈り物を受けることにより、まったき無私無欲の精神が損なわれそうになったり、仲間われのもとになる饒舌や中傷、あるいは信心の深入りや苦行の励みすぎから肝心の使徒職がなおざりになるなどである。

そこで、一六六九年のときのように、姉妹たちは自分たちが約束することの内容をはっきりわかっていなければならないとバレ神父は思った。もしたえず心を改めて、この道に精進しようとせず、その召命に反するような態度の者がいるなら、遠慮なく退会させたほうがよいと彼は思っていた。貧しい子供たちを施設で教えるよりも、裕福な家庭の子供たちのところにいって教えたいと思う者、「所有者の精神」に引きずられている者、他の人に対して、あまりにも「頑固で強情を張る」者、こういう者も退会したほうがよいとバレ神父は考えていた。

『規約と規則』は姉妹たちからも、会の運営委員たちからも、会の後援者である夫人たちからも大歓迎された。あちこちの初級学校をめぐって起こる問題は複雑で、なかなか解決しにくかったので、この規則書の助けを借りて、少しでも善処できたらありがたいと思う人は多かった。しかしニコラはかれらに「愛に鼓吹された生活の中でなければ、どんな規則も役に立たない」ということを、力をこめて想起させるのだった。

「あなた方の従順、無私無欲、忍耐、慎しみ、務めにおける誠実と耐忍……これらを生かすものは愛である。すべてを愛によって行うよう心がけなさい」[SR1・4]

一六七七年五月、次いでその年の十一月から一六七八年の四月まで、ニコラ・ロランはパリにいた。彼は自分が創立した会のため、勅書による法的認可を取得しようとしていたのである。この認可が得られれば「基本金」を設けて必要な経済的援助を受けることができ、会の運営が容易になる。

ルアンの運営委員たちもこの手続きをとりたいものだと望んでいた。しかし、それはニコラ・バレの考えではなかった。そこには安定を求める思いがあり、委託の精神を損なう危険があるからである。

ランスでもルアンでも、バレ神父の方針を尊敬し、感服することはしても、この主義を貫徹するところまでついていくことはむずかしかった。神の愚者の言葉を理解することは、そう簡単なことではないのである。

ニコラ・ロランもバレ神父と同じように、会員が人々に仕えるために自由に動けるような規約をつくろうと思っていた。しかし、彼が考えていたのは、むしろ単式誓願を立てる修道共同体、すなわち、囲い制度をとらない新しい形の生活様式をもつ修道会であった。

フランソワ・デュヴァルはこの考えに賛同しなかった。かつて、パリおよびルアンの姉妹たちがこの件についてバレ神父に尋ねたとき、バレ神父ははっきりと、現在も将来も、いかなる形の誓願も拒否すると答えたからである。[AS4]

しかしそれは、清貧、従順、貞潔は不要だなどと言っているのではない。それどころか、バレ神父が目ざす生活は、最少限度必要なものだけで暮らす清貧と[MML]、「使徒的必要とあれば、直ちに喜んで応じる」という従順と[MI]、すべての人々と愛を分かち合う貞潔[SR Ⅵ・7・8]とを追求する。実に本物の生活なのである。

「十七紀に入ってから、どれだけ多くの女性の使徒的事業が、創立当初の活力を失ってしまったであろうか。それは内外の圧力によって、彼女たちが荘厳誓願を立てざるを得なくなったときからである」と彼は言っている。

荘厳誓願を立てることによって、彼女たちは大修道院の囲いの中だけで暮らし、その奉仕は、大修道院までくることのできる人だけに限られ、人々の成長を助けるよりも、自分自身の霊的進歩のほうに心を向けるようになってしまった。最初は「公共の善を求めて踏み出したものが、徐々に個人的善を求めるものになってしまった」[AS4]のである。

では、荘厳誓願ではなく、単式誓願、あるいは私的誓願にならよいのだろうか？　バレ神父はそれも望まない。

バレ神父が誓願を拒否する理由は、ただ女教師たちが囲いの中に閉じこめられるのを恐れるだけではない。ほかの女性グループが、誓願を立ててもその使徒的活動を制限されずに働いている例もあることを、彼はよく知っている。しかし、単式誓願を立てるためには、ローマ教皇によって、あるいは司教または王によって、その共同体が公的存在として認められなければならない。その認可をもらうには、その共同体が財政的に安定していて（つまり、基本金は不動産を確保していて）、国家や地方自治体に負担をかける心配のないものでなくてはならない。ニコラが拒否したのは、この安定、この保障なのである。

彼が、拒否するうらにはまた、もう一つの深い思いがあった。若い女性たちがバレ神父の会に入り、福音宣教のために身を捧げるのは、全く自由な選びであり、ただただ愛によるものである。彼女たちがこの会に留まっているのも自由と愛によるのである。彼女たちが会を去っていくのも自由である。彼女たちを神に結ぶ絆は、ただ愛の絆だけである。彼女たちの奉献に幾分でも法的性格を与える、愛以外の絆は、これもまた、一つの保障であり、この保障、この安定はまったき委託を歪めるおそれがある。

この会に属する者は、どうしてもまったき委託を生きなければならない。それを思うと、思わず目眩《めまい》におそわれる。まるで、無限の愛の渕が目の前に開かれてくるような気がするからである。

ルアンに残る16世紀の家屋。最初の愛徳学校の一つは、この家だったと思われる。

10章　唯一の保障

一六七七―一六八四年

一六七七年（あるいは一六七八年）、ニコラ・バレは、ギーズ公爵夫人の要請に応えるため、ルアンの運営委員たちの承諾を得て、夫人の領地ギーズに、数人の女性を派遣することにした。

この小グループの責任者として選ばれたのはマリー・ハイエである。彼女はベルネーの医者の娘でまだとても若かった。ルアンのグループに加わったのは一六七六年で、深い信仰となかなかの手腕を持つ女性のように思われた。このような責任を引き受けるには、まだ経験が足りないのではないかと反対する者もいたが、バレ神父は答えた。

「入会した娘を効果的に養成するには長上職につけるとよいのです。たとえ、その人が不完全であっても、資質を備え、とくに会の精神をしっかりもっているならば、責任をもつことによってすばらしい進歩をみせるでしょう。ですから、毎年、責任者を交替させてでも、なるべく多くの人に責任をもつ経験をさせるとよいと思います」[MIS]

ギーズには、なすべきことがたくさんあった。そこにはミニム会の修道院もあり、彼は管区顧問の職にあったとき、そこを訪問したことがある。ギーズに派遣された女教師たちは、子供たちに教理と読み書きを教え、母親たちの相談にのり、病人たちの世話もした。

土地の女性たちの中には、女教師たちの手助けをしたいと申し出る者もあり、女教師たちのよい評判は近隣の村々にもひろがり、一年半経つころには、ヒルソン、オーベントン、ブーエ、ルヌーヴィヨンという四つの村にまでその活動が及んだ。彼女たちは、ときどきスール・バレット（バレ神父のシスターたち）とも呼ばれていた。

パリでも愛徳女教師たちの活動の場は増えていく。サント・ウースタシュ、サン・ロック、サン・ルイ・オン・イール、サン・ローラン、サン・ジェルヴェの小教区である。ノルマンディ地方でも同様の発展がみられ、ベイユー、ベルネーに愛徳学校ができた。ルアンでは、女教師の数が増えたため、運営委員たちはレペ通りに新しく一軒の家を買った。アドリアン・ニエルは、男子校の教育をもっとよいものにするため、熱心に奔走している。

マイフェル夫人は夫の死後、一六七八年来、庶民教育に全面的に献身し、自分は徹底した清貧の生活をおくっていた。ある者は彼女を気が狂った者のように扱うが、ある者は彼女を「貧しい者の母」と呼んでいた。

ニコラ・ロランは、一六七八年四月にパリからランスにもどった。会の正式認可のための申請手続きは大変で、彼はひどく疲れていた。認可はまだおりていなかったが、姉妹の一人が病気だという知らせを受けたので帰りを急いだのである。

共同体に着いてみると、姉妹たちは皆、重い伝染病にかかっていた。彼は早速看護に当たり、昼夜をわかたず世話をした。だが、ついに彼もまた同じ病に倒れ、二度と起きることができなくなった。臨終の床で、ニコラ・ロランはフランソワ・デュヴァルを呼び、姉妹たち一人ひとりに許しを乞うてくれるように頼んだ。とくに聖性への道を歩む助けを、十分にできなかったことを一同に詫びてほしいと願った。

彼の生涯は三十五年六か月、彼がしたためた遺言状には、遺言執行人として、彼が霊的指導をしていた者の一人が指名されていた。それは数週間前に叙階されたばかりのジャン・バチスト・ド・ラ・サール、当時二十七歳の若き司祭であった。

愛徳学校の隆盛は、ニコラ・バレに対する修友からの批判や攻撃を改めて巻き起こしていた。

ニコラは毎週、サン・ジェルヴェの小教区のモルテルリー通りに男の教師を集め、教師として必要な養成講座を開いていた。女教師のためには、サン・モール通りに「養成所」を開き、定期的に訪問して女教師たちの使徒的熟誠を燃え立たせた。

これらの仕事は、修道士のための神学教授、説教、長時間にわたる告解場での仕事のうえに加えられた仕事で、ある者は「やり過ぎる」と思っていた。ニコラを快く思わぬ者たちは、彼の行動は無思慮だと非難した。

管区長のギリー神父もその一人だった。彼は後日、愛徳学校の責任を引き継いで、この事業を擁護することになるのだが、このときはまだ、先輩バレ神父の真意をさとることができなかった。彼は「こんなふつうの女たちが、使徒のように遠くまでかけずりまわり、あちこち旅行して歩いて宣教に熱を燃やすなどということは、信じられない。こういうことは、か弱い女性のすることではない」と思っていたのである。

ともあれ、一六六九年に三十名だったこの女性使徒たちは、あれから十年経った今、二百名に及んでいる！　愛徳学校で教えること、おとな向きの公教要理、祈りの指導のほかに、手仕事学校まで加わった。手仕事学校というのは、男女教師が若者たちに手仕事を教え、かれらが自分で生計を立てることができるよう指導する仕事場である。ニコラは、「教師は若者たちを自分の利益のために働かせてはいけない」ととくに念を押している。この仕事場で作られたものの利益は、すべて実習生が受けとり、かれらはそれで家計を助けるのである。

「幼きイエスの家から、そして、その家の第一貴婦人である愛徳から、利益主義はまったく駆逐されなければならない。その片鱗すら残さずに」［RT12・13］

サン・モール通りに、女教師たちの養成所が開かれたとき、この家の責任者として招かれたのは、マリー・ハイエであった。ニコラは養成所のために建物を買うことは許さなかったが、一軒の家を借りることは認めた。それはピエール・レジェという商人の地所に、最近建てられた五階建ての家であった。彼女たちの生活が、まったく神の摂理に委ねられているのと同様に、彼女たちの住居もまた、「委託」のしるしのうえにおかれるはずだったのである。

マリー・ハイエは、このような考えを、そのまま受け入れた。

サン・モール通りに住む女性たちの数は、またたくまに三十名に達した。彼女たちは毎朝、二、三人ずつ組んで、パリのあちこちの地区に出かけていく。若いマリーにとって、責任は重かった。

彼女は休暇中、故郷のベルネーにもどる機会があった。その間、ときどき家の近くの大修道院に出入りした。そのとき、一つの疑問が彼女の胸をよぎった。
——私は道を間違ったのではないだろうか？　ここの修道女たちのように、私は自己の聖化のため、もっと時間をとるべきではないだろうか？

バレ神父はマリーから相談を受けた。彼は賢明にも、決定をくだすのは少し待つようにと言った。バレ神父はマリーをよく知っていたので、これは誘惑、あるいは幻想ではないかと思っていた。世間のまっただ中で暮らす彼女の生活が、どれほど苦労が多いか、彼はよく知っている。しかし、それがどれほど教会にとって有益なものであるかも知っている。彼女が受けた養成の実りもすでにみている。囲いの中で修道生活をおくることも確かによいことである。彼自身、隠遁修道女を深く尊敬しているし、その中には彼から霊的指導を受けている者たちもいる。しかし、マリーが召されているのは、このような静かな時間やゆとりのある生活ではない [MIS1]。彼女にとって聖性への道は、キリストの宣教の使命にあずかることによって聖化されていく道である。

マリーは決定を延期することを承諾した。バレ神父は、その人の歩むべき道を誤らせるような指導はけっしてしない。また、人を指導するときには、けっして自分の利益は考えない。マリーはこのことをよく知っていたからである。パリで数か月暮らしているうちに、マリーはもう大修道院のことは少しも考えなくなるであろう。

一六七九年には、ルアン、ランス、パリにいくつかの出来事が起こった。ルアンでは、愛徳学校の事業を経済的に安定させたいという理由から、法的認可を得ようという動きが運営委員たちによって続けられていた。これは姉妹たちの考えだったろうか？そんなはずはない。ルアンのこうした動きを知らされたバレ神父は非常につらかった。彼はよくこう言っていたのである。

「基本金がないために、学校が十年か十五年で潰れても、最初の熱意を貫くなら、他の事業によくみられるように、たるんだ精神のまま長く続くよりもずっとよいと思います。私はいかなる基本金も絶対に拒否します。もしあなたが基本金《フォンド》をもてば、あなたが潰れる《フォンドル》ことになるでしょう。

この会を本当に愛するなら、私の死後、誰かが基本金を設けたいと言っても、絶対に反対してください。万一、私が生きているあいだに、私がそういう考えに傾くようなことがあれば、そのときは、私に対してであろうと強く反対してください。このようにしなければ、会の精神を維持することはできないのです。基本金を持とうとすれば、たちまちすべてが変わってしまいます。

私はルアンで一軒の家を買うことを、最終的には受け入れましたが、それは神の国の建設のために必要だと、皆が確信していたからです。しかし、パリではそういうことをしたくありません。そういう安定を求めることは、人間的思慮からいえば当然でしょうが、やはり間違っています。私たちは、神のみ業は完璧に神のみ業として保たなければなりません。

清貧を愛すること、隣人の救いに奉仕する純粋な望み、まったく摂理に身を委ねること、これが女教師たちの召命を固めてくれるものです。しかし、将来に対する物質的保障が確保されるなら、生活に困っている娘たちが、暮らしの心配をしなくてすむという理由ですぐ入会してくることになるでしょう」[RNF]

事実、当時こういうことは、多くの修道院において、よくみられることであった。

彼は、さらにつけ加えて言う。

「基本金によって一軒の家をもてば、その贈与者の意向に従わなくてはならなくなり、働く場所や小教区を変える自由を失ってしまいます。この自由がどれほど必要かを、経験は私たちに教えてくれました」[RNF]

このような見方を理解できる者はごくまれにしかいない。この問題は、彼が死ぬまで攻撃され、死後もなお、何度も論争の的となるのである。

ダルネタールの学校の維持者であったルアンのマイフェル夫人は、ニコラ・ロランが死ぬまで、彼とのつき合いを続けたいた。夫人は、彼がランスに男子のための学校を建てるときには、きっと経済的に援助しようと約束していたので、彼が死んだ今もこの計画を中止したくなかった。

そこで、アドリアン・ニエルを呼び、ランスに行くことをすすめた。ルアンの学校事務局長もこの提案を認めた。ニエルはフランソワ・デュヴァル宛てに書かれたマイフェル夫人の手紙をたずさえて出かけた。フランソワズは故ニコラ・ロランの意向を最もよく知っている人である。

アドリアン・ニエルがランスに着くと、フランソワズはまず彼に、ロラン亡き後、会の霊的・物的配慮をしていてくれるのは、ジャン・バチスト・ド・ラ・サールであることを告げ、ちょうどそこに居合わせた彼を、ニエルに引き合わせた。

ニエルはジャン・バチストに、ランスに男の子のための初級学校を開くという計画を説明した。ジャン・バチストはごくごく控え目に答えただけだった。この町でも、女子の初級学校が、すでにさまざまな批判を浴びているので、ニエルがもちこんだ計画が実現されるにしても、大事にならないようにやってもらいたいと彼は思ったのである。少なくともルアンで試みたのとは違うやり方でなければ通らないであろう。

ジャン・バチストは、何人かの主任司祭、および見識のある数名の人をニエルに紹介しようと約束した。だが、自分自身はこの事業に直接かかわるつもりはなかった。しかしながら、クリスマスのころ、ジャン・バチストはニエルの仕事の便宜を考え、自分の家のそばにある一軒の家を借りてやり、そこに男の教師たちを住まわせて、食事はジャン・バチストの邸内でするることができるようにしてやった。彼の財産に、この程度の余裕は十分にあった。

彼はこの道に踏みこむつもりは全然なかったにもかかわらず、いつのまにかすでに一歩踏み出していたのである。この道はやがて、ニコラ・バレの道と交叉するであろう。そして、バレ神父との出会いは、彼の生き方に決定的な方向づけを与えることになろう。

パリでは、例の中毒事件に関する訴訟が相変わらず社会をにぎわわしていた。一六七九年の四月、事件関係者を裁く特別法廷が開かれ、新たに二人の女性が「魔女」として、また「毒を盛った」かどで訴えられた。一年後、この二人は火刑に処せられた。

ミニム会修道院さえも、警察官による強制家宅捜索に悩まされていた。修道院の薬剤調合係のマルチネ神父が、中毒事件の有力共犯者ヴァナン氏とカドラン氏に協力したという疑いをかけられたのである。毒草を煎じて灰をつくる鍋を、例の二人の婦人のうちの一人が、神父をだまして借り受けたとかいうのである。

マルチネ神父は、どこかの修道院に送られたのか、あるいはミニム会修道院以外のところに身を隠したのは、警察官は彼をみつけて、裁判所に出廷させることができなかった。共犯の疑いがかけられると、偽証する者も現われて、そにまま有罪判決になることもある。だから、スキャンダルを避けて行方をくらますほうがよかったのであろう。

修友のこのような出来事は、ニコラ・バレにとってつらいことだった。そして、修道会がその創立当初の純粋さに立ちもどることのむずかしさを、改めて感じずにはいられなかった。マルチネ神父が、この忌まわしい中毒事件とまったく関係がなかったとしても、彼がしていた鉛を金に変える研究などは、はたしてフランソワ・ド・ポールから与えられた使命にふさわしいものであったろうか。

一六八〇年、バレ神父はマリー・ド・ロレーヌから新たな相談を受けた。彼女は自分の領地ノートル・ダム・ド・リエスに小さな養育園をもっていたが、これはすでに廃墟になっていた。これを再開したいというのである。

ノートル・ダム・ド・リエスの大聖堂は有名な巡礼地である。多くの巡礼者たちが訪れるが、かれらのうちには宿屋に支払うお金のない貧しい者や病人もいる。こういう人々を無料で受け入れ、必要な治療をほどこすことのできる施設が必要である。聖ヴァンサン・ド・ポールの会の姉妹たちがこの事業を引き受けてみたが、どうもうまくいかない。そのあと、エリッセという女性にまかせたが、運営面で何か悪用され、彼女を追い出すことになってしまった。
そこで司教とギーズ公爵夫人は、バレ神父に声をかけて、バレ神父の姉妹たち何人かをおくってもらえないかと頼んだのである。この施設を引き受け、またこの村の婦女子のキリスト教的養成の面倒をみてほしいという依頼である。そこでパリから、マリー・コンスタンとカトリン・ルジュンスが派遣された。

パリから、またルアンから地方に派遣されるバレ神父の姉妹たちは、新しい呼びかけに応えてますます活動の場を広げていく。アルダンヌ地方ではルミニまで、エーヌ地方ではヴェルマン、モゼルではアンスヴィル、北はベルグ、ノルマンディ地方ではディエプとカン、パリ近辺ではポントワーズ……依頼が多すぎてとても全部に応じきれない。一方、バレ神父に養成された男の教師たちは、ポアトゥー、オーヴェルジュ、ロレーヌ、ノルマンディ、ピカルディ、シャンパーニュ、ル・ブルボンネ、ル・ベリィ地方に派遣されていた。[MI]
ブールジュの神学校長は、自分の友人でもあり、またバレ神父の事業協力者でもある一人に、次のような手紙を送っている。
「私はこの女性たちの会が生み出した、すばらしい実りをよく知っております。これは今世紀最大の恵みの一つだと思っております。すでにこの地方でも、いろいろな人々が同じ精神に燃えて、同じような事業を各地に始めており、成功しています。しかし、源泉はこの会なのです。ほかの事業はこの会を見ならって、あるいはこの会に助けられて始まったものです」[MI]

このような評価は、どこからくるのであろうか？　あちこちの村や町で、同じような仕事をしているほかの女性たちとくらべて、バレ神父の女性たちのほうが、必ずしもすぐれた能力をもっているわけではない。女教師間もいつもうまくいっているとは限らないし、エリートのグループでもない。しかし、彼女たちはバレ神父から独特の精神を受け継いだ。それは、心からの熱誠と、まったき無私無欲である。

「彼女たちは自分のためにはごくわずかなもので満足し、教え子たちの親には何も要求しない。彼女たちをある小教区で雇おうと思うなら、年に四十エキュか五十エキュで足りる。彼女たちを解雇したいなら、いつでも自由にできる。会の長上は必要に応じて、彼女たちをどこにでも派遣することができる。彼女たちは自分たちの住居として保障された家をもたない、彼女たちはあらゆるところに同じ熱誠、同じ愛をもって出かけていく。将来に関しては、神の摂理にまったく委ねている。個人的利益は考えず、自分たちは先々どうなるか憂慮せず、平和な心をもって、ひたすらその使命に身を捧げている」[MI]

しかしながら、当時の経済的・社会的状況は一向に安定せず、信用できなかった。プロテスタントとの対立と迫害は再燃し、悲劇的様相を呈していた。税金は上昇し、あちこちの地方に反乱や一揆が起こった。道路は危険で旅行は大きな冒険である。だが、貧しい人々の叫びが、ニコラとその弟子を呼び求めている。「失われゆく小さい人々のうちの、ただ一人を救うためにでも」とバレ神父は言う。「まるで全世界を救うかのように全力を挙げて取り組まなければなりません」[MD37]

このような使徒的熱情を、一般に女性のほうが男性よりも長くもち続けた。ルアンでもパリでも、また、ニエルが活躍しているランスでもこれは実証された。

ニエルは男の教師たちの初期養成を自ら引き受けていたが、かれらをまとめるため、始終問題をかかえていた。男の教師たちを励まし支えようとしても思うようにはいかず、将来が危ぶまれた。ジャン・バチスト・ド・ラ・サールは、参事会員としての仕事や家族の世話に追われながらも、この事業について心配し、かれらに一冊の規則書を与えたが、あまり守られない。それぞれが勝手気ままに行動し、資質のうえでも凡庸な人間ばかりである。

こうしたことは、全部若きラ・サールの悩みの種子となった。そこで、男の教師たちを住まわせている家の貸借契約期限がきて、再契約をしようかどうか考えたとき、ラ・サールは、かれらを自分の邸に引き取ったほうがよいだろうかと思うようになった。だが、この粗野な田舎者たちは、邸内に仕えている下僕より、もっと程度の低い人間にみえる。もし邸内に引き取れば、家族から反乱が起こるのは目にみえている。さらに、これはニエルの立場を失わせることになるだろう。

折りしもパリに行く用事ができたので、ラ・サールはミニム会修道院に立ち寄って、バレ神父に相談してみることにした。彼はバレ神父に現状を述べ、女教師たちによって始められた仕事のこと、いろいろな困難、男の教師とのかかわりのむずかしさなどを説明した。

ニコラ・バレはこのような状況を容易に理解することができた。それは、ルアンやパリで起こったことと同じだったからである。男の教師たちを、かれらの思うとおりにさせておけば、すぐに失敗することは明らかである。バレ神父は躊躇することなく、ラ・サールが教師たちを自邸に住まわせることをすすめた。しかしこれは、ラ・サールにとって実に大きな飛躍である。もしもニエルがもちこんだ提案が、ここまで発展することを、前もって幾分でもわかっていたら、彼はおそらく最初から手を引いていたにちがいない。

彼は三か月間ためらっていたが、四旬節中のある日、最初の試みとして教師たちを白邸の食事に招いてみた。キリストの受難を黙想すべき四旬節中なら、家族の者たちも幾分は犠牲を払ってくれるのではないかと思ったのである。教師たちはやはり「田舎者」としてしかみられず、上品な家族たちは、ひどくショックを受けた。しかし、その少し後、ニエルは幾人かの男の教師たちが派遣されているギーズにいかねばならなくなったため、ラ・サールはついに意を決して、一八六一年六月二十四日、かれらを自邸に引き取った。

修道者の身であるバレ神父にはできなかったこと、すなわち、教師たちと生活をともにしながら、共同体として歩み出すということが実現されたのである。当然、家族からの避難が巻き上がった。家族の後見人である長男が、自分の弟妹を差しおいて、あんな教師たちの世話をするとは……しかしラ・サールはその非難に対し沈黙を守った。一年後、彼は別の家を借り、そこに教師たちとともに移り住むことになる。

このような経過をバレ神父はすべて耳にしていた。それゆえ一六八三年、ラ・サールがふたたび神父のもとに相談しにきたときも驚きはしなかった。ラ・サールは自分の人生にとって決定的な一歩を踏み越えるための光と承認を求めてきたのである。

ランスはどうなっていたのだろう。ラ・サールの疲れを知らぬ献身的な努力にもかかわらず、男の教師たちの耐忍はまことに弱かった。ある者は生活規程が厳しすぎるという。ほかの者はしばらくたつと、給料なしで働くのはいやだと言いだす。かれらに与えられているのは宿所と食事だけだからである。病気になったら、あるいは失敗したらどうなるのだ。現在はとにかく参事会員ラ・サールの財産によって衣食住がまかなわれているが、これから先はどうなるのか？　かれらは皆、将来を不安に思っていた。

ラ・サールは、このむずかしい状況をどうのりこえたらよいのか、ひたすら祈った。できたばかりのこの共同体と学校を、経済的に保障するためには、ニコラ・ロランと同じように基本金をしっかりすえ、その利子でまかなうようにしたらよいのだろうか？　だが、バレ神父の考えはこれと違うことはわかっている。でも、ランスはランスだ！

バレ神父の返事に曖昧なものは何一つなかった。共同体の物質的な面を保障するために、基本金をもとうという考えは、神からくるものではない。共同体の唯一の基礎は摂理でなければならない、と。

バレ神父は彼に言った。

「イエスご自身が私たちに教えてくださったことをお聞きなさい。『狐には穴があり、空の鳥には巣がある。しかし人の子には枕する所がない』と。さて、現代において、狐とは誰ですか？　地上の財宝に執着する世俗の子らです。空の鳥とは誰ですか？　隠れ家として独房をもつ修道士たちです。しかし、あなたのように、貧しい人々を教育し、要理を教えることを志している者たちは、人の子と同じ分け前以外のものを地上でもつべきではありません。だから、自分の財産をすてるだけではなく、聖職禄（参事会員という身分によって保障されている収入）をも放棄し、神に栄光を帰すことを妨げる一切のものを全面的に手放さなければなりません」

ラ・サールは、もはや何にも留められることなく神の導きに従った。

彼はランスにもどると、大聖堂参事会員の身分をすて、聖職禄を断念した。そのためには、聴罪司祭の助言をも無視しなければならなかった。彼はこの資格を、家族とは無縁の一人の貧しい司祭にまわした。財産はすべて貧者に分配した。財産の一部分を学校事業のためにとっておくことすらしなかった。

こうして貧者に仕えるため、貧しい教師たちとともに、ラ・サールは一人の貧者となった。「行ってすべてを売り、貧しい者に与え、それから私に従いなさい」というイエスのみ言葉に文字どおり従う勇気を、彼はバレ神父のもとで見出したのであった。

ニコラ・バレは、その後もラ・サールとの関係を保ち続けた。バレ神父はラ・サールがランスを離れてパリにくることを前々から願っていた。なぜなら彼は、愛徳学校の女教師たちの事業が、パリに中心をおいてからどれほど発展したかをみているからであった。しかし、ラ・サールの霊的指導者はそれに同意しなかった。彼はどうしても男の教師たちのそばにいてやらねばならなかったからである。

ニコラ・バレはひどく悲しんだがこのなりゆきに従い、手紙のやりとりだけは続けた。彼自身、事業を続けるために多くの障害、反対、批判に出会っているので、彼はキリスト教学校修士会の創立者を励まし、賢明な助言を与えることができたのである。彼はラ・サールにこう書いている。

「事業を始めるに当たっては、寛大であってください。心配せず、ゆったりとかまえ、人の言葉など気にしないでいらっしゃい。かれらは自分が何を言っているのか、何をしているのか、わかっていないのです。だから、非難されてもちょっと風が吹いているくらいに受けとめなさい。あなたの崇高な事業の支え、証人はただ神のみです。絶望のまっただ中にあっても勇気を奮い起こしてください」[L42]

ニコラ・バレは今や庶民の男の子の教育のため、まことの指導者が出現したと確信していた。それは幼きイエスの愛徳学校の男の教師たちに対して、自分にはできなかったことの実現であった。

ニコラの肩にかかる、あまりにも多くの責任は、ニコラの健康を損ねていった。

そこで一六八二年からは、神学教授の仕事が免除され、彼はひたすら霊的指導と、愛徳学校の姉妹たちの指導に打ち込めばよいようになった。姉妹たちはディジョン、ヴァンデのようにますます遠い地方に派遣され、ついには当時、「新フランス」と呼ばれていたカナダにまで赴くことになった。しかし、カナダに渡った姉妹とのかかわりは容易ではなく、やがて音信は途絶えてしまった。フランス国内でさえ内戦や暴動によって、ときどき文通が妨げられる。しかしニコラは、行方がわからなくなってしまった姉妹についても、出した手紙が着かなくても狼狽することはなかった。

ディジョンにいるマリー・アンヌ・ル・タントゥリエは、バレ神父に問い合わせの手紙を出したが、数か月経っても返事が届かない。ようやく受けとった手紙には次のように書かれていた。

「私があなたに当てた手紙が一通も着いていないことを知り、びっくりしました。でも、それによって、あなたは、神への信頼をいっそう強めました。このような機会を与えてくださった、父なる神の摂理に感謝しましょう」

五年前、マリー・ハイエがルアンにいくためにあとにした、故郷ベルネー地方からは、マリーの影響を受けて何人もの女性が入会した。一六七八年には彼女の従妹、十五歳のジャンヌ・フランソワズ・ジュアンが入会した。

ジャンヌは二年後、愛徳女教師としてここにもどり、自分の妹たちの協力を得てサン・マルタン・デ・シュネにある自分の家を、町の子供たちの学校につくり変えた。彼女たちはまた、一六八三年、副司教ランジュの参事会員に招かれてリジュに至り、貧民地区に住む娘たちの初聖体準備を引き受けた。やがてそれは、リジュに庶民学校を開設する糸口となるが、ジャンヌはそのために、パリとルアンに救援の手を求めた。ジャンヌはそのとき、ようやく二十歳であったが、この小さなグループの責任者だった。

このとき、この若きジャンヌのもとで働くよう派遣されてきたのがフランソワズ・デュヴァル。ニコラ・バレがソットヴィルで最初に事業を始めたときの協力者の一人である。

フランソワズ・デュヴァルは、ランスに初級学校を創設するために大いに働き、苦しみ戦ってきた勇敢な女性である。彼女はランスの共同体が修道会としての認可を受け、修道者の身分をとることになったとき、あれほど苦労して盛りあげてきたこの事業から身を引くことを決意した。バレ神父の最初の望みを貫き通したかったからである。もう一人のアンヌ・ル・クールのほうは、新しく出発する共同体に留まることを承諾した。ランスを去ったフランソワズは、今、ふたたび新しい冒険に取り組もうとする。彼女はそれまでの長い経験と、かずかずの試練によって強められ、ゆるがぬ信頼に根をおろした霊的生活とをリジュにもたらすであろう。

創立当初の精神を堅持していたフランソワズは、ルアンの運営委員たちが、事業があまりにも盛大なものになった今、会を経済的にうらづけなしに不安定なままにしておきたくない、寛大な人々が提供してくれる基本金を利用してもよいのではないかという考えに傾いていくのに対し、どうしてもついていかれなかったのである。しかし、自分の態度を、きっとニコラ・バレは理解し、全面的に支持してくれるであろうと信じていた。

おそらく彼女は、ランスからルアンに移るとき、パリに立ち寄ってバレ神父に会ったであろう。もしかすると、バレ神父の講和にも、一度や二度、参加することができたかもしれない。そして、かつてバレ神父から聞いた「神の目に賢いと思われることは、自分こそ賢者だと思いこんでいる人々の目には、たびたび愚かなことに見える」という言葉を再確認することができたであろう。

11章　行って告げなさい

　ニコラ・バレの体力は次第に衰えていった。しかし彼は、それまでの厳しい生活に自分から手心を加えることはしなかった。彼は夜、数時間しか眠らず、ときには、たくさんの手紙の返事を書いたり、講和の準備をし終えたあと、机に向かったまま、朝課が始まるまでのほんのわずかなあいだ、まどろむだけのこともあった。

　一六八四年、彼はふたたび病に倒れ、数日間、昏睡状態を続けた。死の一歩手前までいったにもかかわらず何とか回復し、その後幾分制限しながらもできる仕事は再開した。愛徳学校の男女教師たちの面倒は、友人のギリー神父が彼に代わってみることになった。

ここ数年間、ニコラがルアンで、またパリで、男女教師に養成してきたことは、かれらの考え方、かれらの生きる姿勢であった。教育者の心と生き方こそ教育技術に樹液を与え、ゆたかな実を結ばせるものである。

彼は神の国を求める情熱を、かれらの心に点火したかった。使徒生活のパラドックスをかれらに教えたかった。つまり、恩寵の光を人々に告げるためには、まず自分が闇に直面しなければならないこと。福音を人々と分かち合うためにはまず自分が人間の絶望の深みにまで降りなければならないこと。獲得するためにはすべてを失わなければならないことなどなど。

そこで今、話を先に進めるのをしばらく留め、バレ神父が、自分のもとで働こうと決意した女性たちに与えた言葉に耳を傾けてみたいと思う。

バレ神父の会に入ろうと決意した女性たちは、自分の召命について何度も何度も考え直してみる必要があった。この召命は大いに批判され、ときには馬鹿にされ、とくに、当時高く評価されていた隠遁修道生活にくらべて無価値なものと思われていたからである。

バレ神父がこの「女性使徒」[L62] グループに遺産として残しておきたいと思っていたものは、ただ一つ、貧しい者に福音を告げるということであった。これこそ彼女たちにとって大事なことである。自分自身のことは、自分の救霊をも含めて、全然心配しなくてもよいと彼は言う。なぜなら、ある意味で、自分の魂を救おうとすることは、自分の魂を失うことだからである。

バレ神父は女教師たちからよく祈りについて質問を受けた。そこで彼はある日、次のような話をした。

「皆さんはきっと、こういう体験を何度かしたことがあるでしょう。念禱をしているときは心が乾燥しているのに、人々のあいだにいるときや、子供たちに教えているとき、あるいは母親たちと話をしている最中、神がご自分の現存を感じさせてくださることを。するど、あなた方のある者は、これは私が奉仕の仕事に精を出すよりも神の現存をもっと味わうように召されていることのしるしではないか、と考えます。でも、それは違います。神があなたにいてほしいのは、今あなたが人々に奉仕しているこの場だということを、あなたに教えるために、神はわざわざそこにおいでくださるのです！　もし、神が祈りのあいだにご自分の現存を現わし、多くの慰めを味わわせてくださるなら、あなたは潜心の快さを求めて、神があなたに託された使命をすてててしまうかもしれません。神が、授業中にあなたを訪れてくださるなら、お礼を申しあげ、どうぞ、あとで念禱のときにもう一度いらっしゃってください。私は今、あなたのお仕事をしなければならないのですからとお願いなさい。

福音を宣教することから気をそらしてはいけません。宣教に専念することは、多くの錯覚からまぬがれさせてくれます。あなた方が大修道院の平安を味わいたいと思うことは私にもよくわかります。現在、大修道院の生活はより快適であり、より尊敬されています。けれども皆さんは、神に無数の男の子、女の子を生んであげるため、陣痛の苦しみを引き受けてはくれませんか？　それともラケルのようでありたいですか？　ラケルは美しいけれど不妊でした。あなた方は王のために戦場で戦うよりも、駐屯地に留まってらくに暮らす怠惰な兵士のほうを選ぶでしょうか？」

しかし、多くの者は自分はあわれな兵士ではないかと思う。大して神を愛していないこんな自分が、どうして他の人に神を愛させることができるだろう？　こういう思いは女教師たちの誰もが、あるとき感じることであった。

バレ神父は彼女たちに言う。

「そういう思いに惑わされてはいけません。それは大きな誤解です。聖人をつくるのは神だけで、私たちは、聖人をつくるという神のみ業に協力しながら聖人になるのです。だから、自分が聖人であることよりも、人々を聖人にしていくことのほうがずっとやさしいのですよ。神は人間を神の似姿におつくりになったのですから、あなた方もイエス・キリストの似姿をつくることだけに専念しなさい。原型と同じような似姿をつくるように努めなさい。そうすれば、神はあなたの知らぬ間に、あなたを神に似るものとしてくださいます。また、イエスは私たちにおっしゃいました。『友のためにいのちを与えることよりも大きな愛はない』と。イエスをごらんなさい。イエスこそあなたたちの模範です。彼に従いなさい。彼は枕する石一つさえも持たなかったのです。

あなたたちは、イエスというご主人の子供たちにお仕えする召使いだと自分を見なしなさい。召使いは自分の身なりをかまう暇も手段ももっていません。彼女の仕事は、託された子供を洗ったり、着せたり、きれいに飾ってやったりすることで、そうしていればご主人は満足です。だから、あなたが神への愛のゆえに一生懸命隣人に仕え、隣人のうちにまことのいのちを育んでいる姿をごらんになれば、必ず神ご自身があなたの世話を引き受けてくださいます。

人々のうちに、まことのいのちを育むには、ただ一つの道しかありません。それは強い愛に促された柔和、謙遜、慎しみの道です。この仕事に成功するには三つのことが必要です。まず、子供たち一人ひとりの能力に応じて成長させるために必要な識別の力、次に、わが子のためにはまったく自分を忘れ、何でも耐え忍ぶことのできる母親の愛と同じように強い愛。三つ目に、自分のため、また神に導こうとしている人々のため、神の恵みと聖霊を、絶えず心の底から神に願い求めること、この三つです。

私はあなたたちが、聖であり、キリストの教えに通じ、皆の模範となり、必要なら迫害を受ける者であってほしいと願っています！　そうです。どうか聖人であってくださ い。少なくとも聖人でありたいと熱望する者であってください。人々の良心をみわけ、迷える者を熱心に探し、よい手本を示す者、呪われ虐待されたイエスのように迫害される者であってください。そうでなければ、あなた方の言葉は空しく、何の効果もないでしょう」


実際、この女性たちは多くの批判を受けた。その批判が、宗教に敵対する者や庶民をいとう者からくるなら驚かないが、ときには、主任司祭から邪魔されることがあった！　主任司祭たちのある者は、彼女たちの成功を妬み、その指導力に腹を立て、その資格を疑った。

バレ神父は、女教師たちが用心していなければならない危険が二つあると言う。一つは自己満足、もう一つは、分裂の危険である。この点について彼はきわめて端的に注意を与える。

「成功すると、あなた方の心の中にはたちまち大きな自己満足が生まれます。だから、仕事はうまくいっても、あなたの心の中は大変です。そういうときは、すぐさまイエスのほうに向き直り、まだまだこんなに自己中心的な心を、イエスの愛によって変えてくださるようお願いなさい。それから、司祭に対して賢明に行動することができるよう、神に助けを求め、どんな分裂をも避けるようにしなければなりません。司祭たちの賛同を得ずになにか計画するようなことは控え、できるだけ司祭の気質や性格に合わせるように努めなさい。それは彼らが神のみ業によりよくお仕えするのを助けることになるのです。

司祭たちに上手に対応しながらも、自分自身に対しての警戒も怠ってはなりません。よくわかっているでしょうが、人間は最良の口実のもとに、悪への坂道を一挙に駆けおりるものなのです。かれらにつかまえられないようにして、かれらをつかまえることを知らなければ！　かれらが神の栄光のために役立つよう、自分はかれらのものにならないで、かれらをあなた方のものにするのです。最後まで忠実を堅持するためには、あなた方にはいつも強い精神力と恩寵が必要です」

女教師たちの奮発心が、ある司祭の、あまりにも権威主義的なやり方とぶつかるときには、女教師たちには忍耐の賜物が必要である！　バレ神父は、彼女たちの熱心さを損なうことや、とくに若い姉妹たちにブレーキをかけることはしたくなかったが、強者の忍耐を、試練において学ぶことも必要だと思っていた。

「あなた方には二種類の忍耐が必要です！　まず自分自身に対する忍耐。それは、自分が大して進歩しないのを見るときのことです。進歩が見られなくても努力を続けなさい。そして、他の人々の進歩を見、かれらの進歩を助けてあげることで満足なさい。もう一つの忍耐は、他の人々に対する忍耐です。相手がどんなに抵抗し、頑固で強情であっても、けっして倦むことなく、絶望せずに働き続ける忍耐です。

あなた方の忍耐を失わせるものは次の三つでしょうか。まず、成功しなかったときにあなた方を襲う失望感。次に、成功しないのは相手が悪い、こんな者を相手にしてもむだだという結論をだしてしまうこと。最後に、こんな者を相手にして時間をむだにするのを神は望まれまい。もっと反応のある人を相手にしたほうがよいという霊的な理由をみつけること。そして、自分のあれだけの献身に対して一向に成果があがらないことに腹を立て、短気にも、その仕事をやめて、ほかのところにいこうとするのです。

こういう場合には、ちょっと待ってください。そして、あなたをいらいらさせる心の動きをすててごらんなさい。そうすると、ふしぎにも、予期しなかった成果が見え始め、頑固な心が打ち砕かれ、むずかしい人が救われるというようなことになるものなのです。

私はたびたび申しました。多くの人は神に仕えたいが、神が自分を使うことは望まないと。あなたがたはどうか、物書きの手の中にあるペンのようでいてください。ついでによく覚えておいてください。ペンはよく書けるように、たびたび切られ、削られることを！

あなた方が、もしこのように神のみ手の中に身をおき、神のみ業のために神のみ手に握られたままになっているなら、あなた方は、活動生活と観想生活を統合して生きることができるでしょう」

マリー・ハイエは姉妹たちとともに、バレ神父の話をいつも喜んで聞いていた。これらの言葉は、彼女がペルネーを去ってルアンへ、それからパリ、ギーズへ、ふたたびパリへと歩んできた道をしきりに思い起こさせるのであった。

同時に、このグループの未来についても考えさせられる。ときどき姉妹の間でも、そのことが話題になる。彼女たちは、老後（といっても十七世紀には若死が多いが）の保障は何もないということを承知のうえで入会した者たちである。もちろんバレ神父は会則の中で、病気の姉妹に対する配慮と愛情を強調しているし、姉妹たちもそれを心掛けている。しかし、心の奥では誰も、もし使徒職がそれを望むなら自分は道端で死んでもよい、施療院で息を引きとることもかまわないと思っている。奉仕に対する報酬は何も期待していない。マリーも入会の日にこのことを約束した。だが、姉妹たちの体力が衰え、毎朝サンモール通りからパリのあちこちの地区に働きに出かけられなくなる日がくるなら、私たちはどうしたらよいだろう？

バレ神父は姉妹たちに言う。

「ある日、あなた方の体力も私と同じように衰え、今のように家庭訪問をしたり、小教区通いをすることができなくなるでしょう。そのとき、自己聖化を完結させたいなら次のことを想起しなさい。

自分はもうほかの人の重荷でしかない、皆さんの同情によっておいてもらっている貧者と同じなのだと率直に認めること。自分より若い者を批判せず、昔はもっとよく働いたなどと言わないこと。観想の時間をたっぷりとり、働いている姉妹たちのために祈ること。体力が限界にきているにもかかわらず、もしも、何かの使命を託されるなら、それを引き受けなさい。到底できないと思うなら、むりに引き受ければどういう結果になるかを目上に知らせなさい。それでも目上が、どうしてもと言うなら、従順は不可能をも可能にすることを信じて引き受けなさい。農家や労働者の家の母親を見てごらんなさい。彼女は家族の者が食べ終わってから、残り物を食べます。ときどきは、食卓にもつかず、立ったまま壁にもたれ、あるいはその辺にある木片に腰かけて食べるのです！　彼女たちを見なさい。あのひとたちを模範となさい。あなた方がこの会に入ったのは、神と隣人に仕えるためであったことをけっして忘れないでください」

バレ神父の会の姉妹になりたいと申し出る女性は、パリにおいても地方においてもますます増えていくので、マリー・ハイエは自分の責任を強く感じていた。「私は姉妹たちの婢女《はしため》となって、彼女たちに小さい者、貧しい人々を愛することを教えたいと思っています」と彼女は書いているが、バレ神父は、かつてアンヌ・ル・タンチュリエへの手紙に書いたことを、マリーにもくり返し言いきかせた。それは、会の責任を引き受ける者すべてにわかってもらいたいことであった。

「神の学びやの偉大な師イエスに仕える二人の貴婦人、すなわち柔和、謙遜を何にもまして大切になさい。『われに学べ、われは心の柔和、謙遜な者なれば』とイエスはおっしゃっています。ですから、心の柔和、謙遜な者になろうと真剣に努める者でなければ、男の教師であろうと女教師であろうと、私はけっして本会に入れるようなことはしません。心の柔和、謙遜な者ならば、その人を通して、イエスが人々に教え、心に触れ、改心させてくださいます。それこそ私たちの大きな喜びであり、こうして私たちはすべて

の誉れをイエスに帰すことができるのです」[L60]

若い女性たちが入会を希望するとき、マリーは彼女たちが本会への適性をもっているかどうかを見定めるため、彼女たちを十分に知ろうと努めた。バレ神父はこの点で非常に厳しい要求をしている。

「神を求める真の望み、福音を告げるためすべてをすてる覚悟、まったき無私無欲、神の摂理にのみ頼り、万事においてみ旨を行う可能性、これらを認めることができなければ入会を許してはなりません。イエスの次の言葉を彼らによくわからせなければならないのです。

『あなた方は異邦人がするように何を食べ、何を飲むかと思いわずらうな。まず神の国とその義を求めよ。そうすれば他のすべてのものも、これに加えて与えられる』

生活の便利さを求める人たちは、神の国とその義を獲得するため、あるいはそれをほかの人々に得させるために必要な恵みを神からいただくことができません」[AS5]

ある家族は、娘がこの会に加わるのを許さず、いろいろな妨げをおいた。父も母も、娘の将来を案じたのである！　しかし、自分を呼んでくださる神を信じていれば、きっと妨げをのりこえられると彼女は知っている！

「世の中には、貴婦人の召使いとか付き人としてお仕えする立派な女性がたくさんいます。その邸でいつまで働けるのか、出世できるのか、彼女たちには何の保障も与えられていないのに、ただ人間的動機だけでそういうことができるのです。では、神の恵みにより、イエス・キリストのためにお仕えしようという女性を、百人なり二百人なり見出すことができないものでしょうか？　イエスがこの世にこられた唯一の目的である人々の救いと聖化とを、自分の使命として生きようという女性を百人、二百人見出せないものでしょうか？　私は、会員がこの使命に忠実である限り、神はこの会を豊かに祝福してくださると信じています」［AS6］

サン・モール通りからミニム通りの修道院に帰る道を、群集にまじって歩くニコラの胸にはいつも次の祈りが浮かんできた。

「本会は、真理のうえに、ただイエス・キリストのうえに、人間的利害はいささかもまじえることなく建てられています。また、いつまでもそうでなければなりません。崇むべき主、わが魂の救い主よ、本会がけっしてあなた以外のものとなりませんように、いつまでもあなたの遺産、あなたの財産でありますように」［AS8］

彼は男女教師たちの生活が、福音を生きる生活であることを、どれほど望んでいたであろう。彼は何度も言っていた。「あなた方は、無償でいただいたのだから無償でお返ししなさい」また、「小さい者を私のもとにこさせなさい」というイエスの言葉もくり返した。

子供たちをイエスに近づけるには、知識う授けるだけでなく、愛を吹きこまなければ！　養成するだけでなく、いつも祈っていなければ！　ああ、子供たち一人ひとりが心の祈りを覚え、味わい、自分のすぐそばにいつも神がいてくださることを意識して生きることができるように導くことができるなら！

バレ神父にとって、これが問題であった。

所有欲がどれほど姉妹たちの召命に反するものであるかを、彼は厳しく、またこまごまと注意していた。実際、人間は何と安易に自己の利益に走ることだろう。

ある者は見習い生徒を自分の利益のために働かせる。ある者は、生徒の勉強時間中に自分の用事を頼む。ほかの者は生徒の親から何か物をもらい、そのため自由を失った。受けた贈り物を自分のため、あるいは自分の縁者のために使ってしまった女教師もいる。また、ほかのところでの奉仕や善業を口実にして、自分の為すべき仕事から逃げる者がいる。日曜・祝祭日に告解しておけばすむのに、理由をつけて平日に行い、仕事を怠ける女教師さえいる！

人は、個人的信仰に安住していては、使徒生活を営むことはできない。キリストとの親しい交わりが深まってくると、純粋に内的な世界から徐々に抜け出て、やがて社会のあり方を変革させるような活動に促されていくはずである。このとき、この動きに最も相反するものが「所有という悪徳」なのだ。自分の生涯を、貧しい人々への奉仕のために公に捧げるとは、自分か現在持っている財産、およびこれから受けるであろうすべてのものを「貧者の財産」と見なすことである。ゆえに、それを自分の好き勝手に使うことは許されない。もし、勝手に使うなら、それは盗みとなる。

こういうことを、口で言うのは簡単である。しかし、日常生活の中でこれを実行するのはどれほど大変なことだろう！　だが、バレ神父はそうしなければ会の中にその人の生きる場はないと言う。かれらは誓願によって結ばれる代わりに、「心と精神と使命の一致に踏みとどまる決意」[SRI・5] を表明し、それを固く約束した者たちではないか。バレ神父は、かれらがこの決意を貫くことを、心から望んでいた。そして、かれらを自由で大胆な、まことの使徒に仕上げるために必要な唯一のもの、すなわち「純粋なる愛」がかれらのうちに燃え上がることを切に切に願っていた。

パリのプラス・ロワイヤル修道院と聖堂
（フランス革命のときに破壊された）。

12章　来て聴きなさい

バレ神父は、すでにパリでも、ほかの地方においても「当代最高の霊性の師の一人」として注目されていた[Raf]。多くの人々は、彼が相手の心の奥に隠れている思いを見ぬく、特別な賜物を受けていることに驚いていた。

バレ神父はその賜物によって、人々の心を神に開かせ、一人ひとり固有の道を通って神に近づくことができるように導いていた。彼の鋭いまなざしには、思いやりと同時に厳しさがあった。それは、中途半端なことでは神に到達できないことを知っている者の厳しさである。彼は、真剣に道を求める者でなければ、霊的指導を引き受けなかった。彼は言っている。

「イエスのみを求める魂、イエスのお望みをまったく委ねようとする者でなければ、助言を与えることはできません。人間的な見方をすてるだけでなく、霊的利益をも顧みず、何事にもとらわれぬ心で、イエスに委ねきる人でなければ……」[L47]

厳しい要求（なぜなら神はすべてを求めるから）と、深いいつくしみ（なぜなら神はすべてを赦すから）、この二つが、バレ神父に指導された数百の人が体験し、バレ神父の説教を聞いた数千に人が感じとったことであった。

ある一人の貴婦人の例をあげよう。彼女は長年にわたって世間的な暮らしをし、軽薄な生き方といかがわしい交際を続けてきた。次の話は彼女が後日、好んでした体験談である。

「こういう生活を改めなければと思い、私はある日、友人に誘われてバレ神父さまのところにまいりました。ところが神父さまは、私を見るや否や、神の裁きの厳しさについて話し始められたのです。とても恐ろしい話で、私はすっかりおびえ、それではもう私は改心もできないし、過去の罪を償うことも不可能なのかと思うほどでした。そんな私をごらんになると、神父さまは、今度は神のいつくしみと赦しについて話されました。

その話し方はまことにやさしく、私の心は和らぎ、神の愛と信頼にあふれました。実にこの神父さまは、人を死なせることも、蘇らせることもおできになります。地獄に導くことも、そこから連れもどすこともおできになります。罪人の足下に口を開けている地獄の渕を見せ、永劫の苦しみを感じさせたかと思うと、イエスの愛と忍耐を示して信頼を起こさせ、罪人を善に向かわせ、神のみが与えうる喜びを味わわせて改心へと導いてくださるのです」［Th］

バレ神父は、相手に最もわかりやすい言葉で話すことができた。それゆえ、彼のもとには、さまざまな階級、さまざまな身分の人々が告解にきた。ときどき、罪の赦しを与える手が、感動のあまりひどく震えるのを隠し切れないことがあったが、友人たちがそれに気づき、理由を尋ねたことがある。

「罪の赦しを与えるその瞬間、私はまさにイエス・キリストの代理者です。私は悔悛者の裁き手であると同時に、彼を赦そうとするイエスの道具です。この人のために流された御血、イエスのいのちを、私はこの自分の手の中に持っているのです。しかし、私の目の前にひざまずいているこの人の、まことの心情を知ることはとてもむずかしく、もしも神のこのすばらしい賜物を、受けるべきではない人に間違って与えてしまうなら……そう思うと赦しを与える私の手ははげしく震えてしまいます」［Th］

告解する人の中に、一人の修道士がいた。彼は毎週告解していたので、糾明の仕方も多少習慣的になり、告解すべき大きな過失はないと思っていた。もちろん、毎日の聖務日課を誦えるとき、大いに気を散らす。だが彼は、ほかの人と同様、それを適当に正当化し、こんなことを告解しても、神さまはお笑いになる程度の小罪だと思い、まさかこのことで特別の注意を受けるなどとは考えてもいなかった。

ところがバレ神父は、非常に驚き、激情に震えて言った。

「祈りのとき気を散らす？ 祈るときあなたの心はどこにいっていますか？ あなたは神のみ前にいるのですよ。そのとき、神に対するあなたの内的敬意はどうなっていますか？ あなたの祈りの声に耳を傾け、あなたを理解しよう、必要な光を与えようとしておられる神の臨在を意識していないなら、どうしてまことの礼拝を捧げることができますか？ もし、本当に神を深く観想していたならば、その内的まなざしをもって神を見、自分のうちにおられる神の臨在を感じとり、その尊厳に打たれ、魂の安らぎを味わいつつ潜心することができたでしょうに。

それはそんなに骨の折れることではありません。神はどこにでもおいでになるし、そのご親切は限りなく、その憐れみと義、知と愛はすべてのものに及んでいます。私たちはいつでも神のうちに留まり、生き、動き、存在しているのです。神が私たちから離れることはけっしてありませんが、祈りのときにはもっともっと近づいてくださるのです。だから、祈りのときこそ、神の臨在がいっそう私たちに親しいものになるはずなのです……」[Th]

バレ神父のこのような説明に驚き、次いで感動したこの修道士は、このときの教訓をけっして忘れなかった。

祈りのときにも活動しているときにも、神の臨在をしばしば意識する訓練を、バレ神父はもう何年も前から続けていた。彼を見る人々は、彼の姿に強く打たれた。彼ほどうやうやしく、謙遜で、慎しみ深い者はめったにいない。彼が口を開く前の沈黙には、神の臨在が充満しているかのように思われた。この沈黙の深みの中で、彼は人々の心を燃え上がらせる、あの輝く言葉の火種を集めるのであった。

迷える者、悩む者、小心や反抗心に苦しむ者、そして召命にいきづまった司祭たちが、彼の霊的指導を受けたいと望んだ。立派な神秘家や、宣教師たちさえも頼みにきた。バレ神父は、かれらを神に導くため、骨身を惜しまなかった。最もすぐれた霊的指導者たちも彼に助言を乞うた。バレ神父の、体験に裏づけられた意見を求めて訪れたこれらの人々が、バレ神父とどのような会話を交わしたか、私たちはそれほど苦労せずに想像することができる。*

＊　次に引用するバレ神父の言葉は、すべて『人々を導くための霊的格言集』からのものである。したがって、それ以外の資料から引用したものだけに出典を付しておく。

神がある魂に触れ、ある心を動かしてくださるのは、霊的指導者のやり方や技法によるのではありません。「成長を賜うのは神」なのです。霊的指導者は被指導者を照らすことはできても改心させることはできません。霊的道に進歩させることさえできません。神の働きに協力しようと思うなら、完全な無私無欲をもって、ただ、被指導者の心の中で働かれる神のみ業だけを大切にして行わなければなりません。一人ひとりを導くのは聖霊の仕事です。ですから、いつも聖霊に委ね、恩寵の導きに従っていなければならないのです。霊的進歩はすべて神の引力によるものですから。

——でも神父さま、あなたはたくさんの罪人を改心に導いたではありませんか？

指導者は、泥だらけの川のようなものかもしれません。泥だらけでも清い水を流すことができます。指導者はたくさんの光や恵みを受けますが、それはほかの人々から、ほかの人々のために受けるのです。ほかの人々の宝で富んでいるのであって、それを別にして、個人的賜物だけを見れば、指導者は裸同様、無力このうえなし、隣人の救霊のために働くどころではありません。

しかし神は私たちをとくに心にかけ、霊的指導に必要な力を豊かに与えてくださいます。被指導者に教えるべきことを、まず自分で生きるための力を与えてくださいます。家の中のすみずみまで知りつくしていれば、ま夜中でもほかの人を案内できますね。ここには何がある、ここは危険だと教えながら導くことができますから。霊的指導者とはこういう者です。

——すると、私たちの根本的役割は導くこと、照らすことにあるのですね。

神のお望みは、一人ひとりの心を、ご自分の本当の住居とすることです。神が私たちに協力してもらいたい仕事はこれです。イエスご自身もこのことだけを求め、そのためにいのちを捧げました。私たちも、地に落ちて死ぬことを受諾しなければ、ごくつまらない一粒の麦で終わることでしょう。

——よくわかりました。肝心なことはそこですね。ところで、私たちのところにくる人々に対して、どういう指導を与えたらよいか教えてくださいませんか？

悪を滅ぼそうとするよりも、善を促すほうがよいでしょう。そして、彼らの心をとらえるため親切に対応しなさい。けっして軽蔑してはいけません。よきサマリア人のように油とぶどう酒で世話をするのです。自分一人でしゃべらず、できるだけ相手を聞きなさい。あなたに必要な光は、案外その人自身を通していただけるものです。神は、円の中心点ですが、円周から中心に至る道は無限にあります。だから、その人固有の道からその人をはずしてしまわないように、よく気をつけなければなりません。道からそれれば迷子になってしまうのですから。

——神に至る道は不可思議です。先日、苦しんでいる魂にいろいろな励ましを与えてみましたが、彼の心には何も響きませんでした。

苦しむ人、試練を受けている人には、忍耐づよく話を聞いてやり、彼の辛さに共感してあげることがとくに大切です。どういう指導を与えればよいかがわからなくても、その親切な会話によって彼の心の痛手はほとんど取り去られます。そうすれば神ご自身が慰めにきてくださるまで、試練の中で耐え忍び、むしろ試練を活用するように導くことができるでしょう。

——しかし神父さま、聞くところによると、また神父さまのお手紙を拝見すると、神父さまの指導を受けている人はかなり厳しく扱われることがあるようですが……

すでに神のものとなり、神のみを求めている強い魂には、厳しい態度をとることができます。しかし初心者に対しては、ふつう、聖霊がなさるように、その人の自然的傾向を参考にしながら導かなければなりません。神がその人を引き寄せられるのを見ながら、徐々に次の段階に導いていくのです。もし相手が弱ければ、手加減しなければなりません。引っ張りすぎると元も子もなくなります。初心者には乳を与え、ときには大目にみることも必要です。いたずらに恐れさせないためです。しかし、満足させると同時に聖化させることはできません。神のものでありたいという強い望みが、ひとたびはっきり現われるなら、もっと厳しい要求をだしてチャレンジさせ、やがて人間的な支えがなくても、あるいは霊的指導者ぬきでも一人で歩めるようにさせる必要があります。支柱がなければ倒れてしまう貧弱なぶどうの木のようでは困るのです。

——おっしゃるとおりです。真剣に神を求めている人に、厳しい要求をだすことは確かに必要です。問題は、そのやり方ですね。チャレンジを与えることはなかなかむずかしくて……

その人の心も精神も、神に動かされているとみたら、そして、その人が神に至るために通るべき道がわかっているなら、あなたはその人に神のみ旨をはっきりと、力強く打ち出すべきです。しかし、それを愛をもって、上手にその望みを起こさせながら……けっして厳しく命令的にしてはなりません。それから、たとえその人がどんなにすばらしい恵みをいただいているとしても、ちやほやしないでください。最も偉大な恵みは、誰にも知られていものなのです。傲慢になればすべてが腐敗してしまいます。ですから、彼をしばらくそっと物陰においておきなさい。人間は、聖性の、ある段階に達しても、それよりもっと高い段階に召されているのですから。

私たち霊的指導者は、被指導者に対して、しもべ、なかま、友、兄弟、師、医者、王でなければなりません。ときにはかれらの中にある悪の破壊者、死刑執行人でなければなりません。かれらの中に残っている世間的なもの、神でないものすべてに対し、私たちは敵対する者であることを、とき至ればはっきり示さなければなりません。

人間という存在は、神を受容すべき器であって、神との関係が断たれればたちまち破壊してしまいます。だから私たちは、神との絆を断つものをすべて断ち切り、打ち砕き、そのあとに神が聖性と知恵と幸福を満たしてくださるようにしなければ。しかし、これは一生の仕事です。三十年、四十年、五十年かかってもよいのです。そのための骨折りはけっしてむだになりません。[L31]

——聖霊の導きのもとに身をおこうと真剣に考えている人たちと、どのようにかかわればよいか、もう少し教えてください。

神のみ旨を、いつでも言えるようにしておきなさい。たとえ、どんなに苦しくても。批判され、非難され、反対され、侮辱されることも覚悟のうえで。ときには立派な知恵者から非難されることもあるでしょう。知恵者であっても、あまりに人間的な見方しかできない者もいるのですから。神はすべてです。すべてであられる御者を手に入れるには、ほかのすべてを手放しておかなければならないのです。

誰も差別してはなりません。皆、神のみ手のわざです。一般庶民をさしおいて、身分ある上品な人々に近づき、名誉や富を求めてはいけません。救い主イエスは、権力者の邸宅を訪れることなどめったにありませんでした。イエスは通常、庶民、税吏、罪人と交わっていたのです。だから、あなたのもとに指導を受けにくる人たちの社会的階級に左右されることなく、ただ誰にでも聖性への道だけを教えるように努めなさい。[Th]

もしあなたが聖性への道だけを求めているならば、そのとき、あなたは、神から受けた光に従って、被指導者に従順と忠実を要求することができるでしょう。まことの従順を自分の人生の道しるべとし［L32］、神のみ手の中に自分をまったく委ねた者にとって、恐れることは何もありません。

言葉を慎しみ、沈黙を味わい、神の臨在に常に目覚めて生きるよう被指導者たちに教えなさい。そうしていると、神ご自身がかれらを育て、心を燃え立たせ、神が万事を治めてくださるようになるでしょう。

しかし、聖性への道になかなか入れない人もいるでしょう。その人たちを失望させてはいけません。かれらには期待と望みを抱かせ、絶えず嘆きと叫びを神に上げているならば、いつか神自身が訪れて、隠れた心の傷を癒し、渇望を満たしてくださると教えなさい。

――ある者は、実際には神から遠いのに、自分はもう完徳に達したと思っています。ほかの者は、実際には神への道を生きているのに、それをまったく意識せず、自分は神から離れていると感じ、自分の弱さ、みじめさを悲しんでいます。どうお考えになりますか？

本当にそういうことはよくあります。ですから、霊的生活の中で鷲のように飛翔している者は引き降ろさなければ！　高く飛翔している鷲とは、高度の知性をもって神に仕えようとしている人のことですが……純霊をもって神に仕えるのは、天使たちにまかせておけばよいではありませんか。人間は天使としてではなく、人間として神に仕えることを神はお望みなのですから。

私たち自身、まず自分の小ささに留まり、ほかの人たちにも同じように教えましょう。イエスをごらんなさい。神の国を告げるため、最高の学問から引き出した理屈などけっして用いませんでした。ごく身近なたとえ話で教え、雄弁によって名声を博そうとは考えませんでした。イエスはおっしゃったではありませんか。幼な子のようにならなければ、神の国には入れないと。そうです。小さくなればなるほど、神は私たちを、おそばに引き寄せ、親しく交わってくださいます。神との親しさを最も確実に得るには、万事において幼な子のようになればよいのです。

バレ神父の話を聞く者は、彼こそ真の霊的指導者だと誰もが認めていた。彼は、人々を神に至らせるためには錯覚の破壊者となり、いのちの門に入らせるためには死の道を通らせ、幸福に導くためには地獄を受諾せしめた。彼の指導を受けて信仰のパラドックスの道を歩んだ者は皆、この道においてこそ神に出会えたと証言している。

錯覚を破壊する、それはまず、自分は神について知っているという錯覚、次いで、自分は自分の力で自分をつくることができるという錯覚を打ちこわすところから始まる。バレ神父自身、「光耀く無知」〔CS〕の境地に達するまでに、どれだけ長い離脱と剥奪の道を歩んだことであろう。ぞさは、霊魂の暗夜こそ、実は「耀く真昼」であることをまだ知らない人々を、闇の中で指導するためであった。

人々は、暗夜は暗夜、試練は苦悩としか思っていない。はかないものを心につめこんで、それで充実感を味わおうとしている。これは錯覚である。自分を見出すには、仮面をはずさなければならない。仮面は、自分の心の空しさを自分には見えないようにしてくれるだけのものである。私たちは何とたびたび、自分の前に、人の前に、そして神の前にすら、ひとかどの人間として演じていることだろう。自分は所有していると思っている者、自分の力は全能だと仮想し、それを奪われまいとする者は、真理に心を開くことができない。

彼は自分を自分のとりことし、自分でつくった廃墟に閉じこもる。彼は、自分自身の力によって神の目に価値あるものとなろうとする。私たちは、私たちを無償で愛してくださる神にまったく依存するものであり、その神は私たちから無償の愛を求めていらっしゃることを彼は知らない！　しかし、このような錯覚から解放されない限り、人は自由な人間とはなれないし、自分が自由な人間でなければ人を解放することもできない。

錯覚からの解放！　それは、自己滅却という死を通らぬ限りありえない。この死によって自己を失い、そのあと自己を神からの賜物としていただくのである。

ギリシア神話の中に、ゼウスがダナオスの王女たちに、底なしの樽に水を満たす仕事を刑罰として与えたという話がある。この仕事は、人を疲労と絶望に陥らせる恐ろしい試練であるが、自分は自分の人生に対して無限の支配力をもっていると錯覚している多くの男女が巻きこまれている悪循環に、よく似ている。

ニコラ・バレは、被指導者の一人が、いくら努力しても成果があがらないといってひどく失望した手紙を送ってきたとき、その返事にこのダナオスの神話を幾分変えた形で引用している。[L49]

ニコラは一人の貧しい女を登場させる。その日の食物にもこと欠くこの女は、水汲みとしてある主人に雇われた。樽に水を満たせばかなりの賃銀を払うというのである。そこで女は一生懸命に水を汲む。しかし、いつまでたっても一杯にならない。おかしいと思って調べてみると、樽の栓が抜かれているのだ。

女は急いで栓をはめ、ふたたび仕事にとりかかった。ところが主人がやってきて、元通り栓を抜いてしまった。女はしばらく働いてみたが、どんなに努力してもむだなことに失望し、主人に「もう続ける勇気はありません」と言った。主人は答えた。「この仕事を頼んだのは私です。こういう仕事をすることが私を喜ばせるのだとわかれば、それでよいではありませんか」

女は仕事を続けた。こうすることが主人を喜ばせるのなら自分も嬉しい。女は喜んで水を汲んだ。賃銀をもらうときがくると女は言った。「私は報酬に値しません。時間をむだにし、不平も言いました」しかし主人は、女に一つの大きな貯水槽を見せた。そこには女が汲んだ水が一杯になっていた。自分の働きの結果を見ることなく、ただ愛によって仕事を続けた報いとして、女は主人から二倍の賃銀をもらった。女はどんなに嬉しかったろう！

バレ神父はこのような譬え話を書き、手紙を次のように結んでいる。

「これは、ただ神の愛のためにのみ働く人の姿です。かれらは神に光栄を帰すために、人々の救霊と自己の聖化を目ざして働きますが、その努力の成果や進歩を確かめることはできません。しかし一生涯、粘り強く仕事を続け、自分の貧しさを自覚し、報いを求めず、ただ神のみ業に参加させていただいたことを心からしあわせに思うのです」

ダナオスに託された仕事のように、人間は、自分の内的空虚を自分では絶対に満たすことができない。しかし、この無力さこそ、ニコラ・バレが見出した「救いの場」であった。

剥ぎ取られ　裸とされし精神は
かくも大いなる欠乏に陥りぬ
何も持たず　持とうともせず
されど　この欠乏によりてのみ
ただ　神のうちに
神のすべてを所有すべければ　[CSS]

しかし、ここに至るまでの道はきわめて困難な道である。「光に辿りつくまでに、どれほど攻撃を受けなければならないでしょう。平和に至るまでに、どれほど苦しまなければならないでしょう」[L2]

この道を、ニコラ・バレは「地獄への下降」と表現した。

地獄、この言葉を当時の説教家たちは、正しい道からはずれた人々をおどすために使っていた。しかし、バレ神父はこういう意味での地獄についてはほとんど語っていない。地獄は人知の及ばぬ秘義であり、人は地獄の恐れによるよりも、愛に動かされて行動するほうが、通常、ずっとよく進歩する[MTP7]と言っている程度である。

だが、それとは違う地獄がある。それは、人間の内面にいろいろな形で現われる。愛の否定、善悪あるいは生死の混乱、幻想、錯覚などである。ここからはどうしても脱出しなければならない。しかし、霊魂の暗夜、疑惑、神の不在、神からの遺棄というような地獄もある。ニコラ・バレはこの地獄を経験した。そして、この地獄が「生ける水の泉」となるまで、ここから逃げずに踏みとどまっていなければならないことを学んだ。

この荒涼たる場こそ、神が自分をイエス・キリストの似姿に形づくろうと望まれる場であると信じ、そこに留まっていなければならない。神に対する狂おしいほどの信頼は、この地獄の深渕においてこそ湧き出てくるものなのだ。そのとき初めて「苦しむとは愛すること」だとわかってくる。

彼の指導を受けにくる者の中には、彼と同じようにこの地獄への下降を体験した者も何人かいた。彼はかれらに書いている。

「そのひどい絶望の中で、どうぞ勇気を奮い起こしてください」[L15]「自分の弱さの中で生きぬき、その弱さを通して神に辿りつくことを学んでください」[L12]「戦いの一番激しいときにも、どうぞ心乱すことなく平和に暮らしますように」[L29] この道を進んできた者は「自分は救われていると思うちょうどそのとき滅びる」という経験をすでに十分にしてきている。そこで、無価値で弱い自分を見ても、「それを穏やかに謙遜に、落ちついて認めることができ」[L46]、自分の弱さの試練が、どれほど「神の愛のひそかな導き」であるかを発見することができるであろう。

このような話を理解することができる者ならば、バレ神父は彼をさらに導いて、下（地獄）、上（天国）、中（この地上）の同時体験を味わわせようとする。「下」というのは、イエスとともに、イエスのごとく、下へ下へと降りていき、貧しく「無」なる自己認識に徹することである。「上」というのは、人が下降していけばいくほど、神が豊かに味わわせてくださる神の平和、甘美さ、幸福感、そして神認識のこよなき喜び、こよなき親しさである。「そこには死と生、地獄と天国、下降と上昇が共存する。無限に深い谷は、同時に無限に高い山である」[RA8]

たえず下降しながら、同時にたえず上昇しているこのダイナミズムは、「中」という状態を生み出す。「中」とは、その人の愛と信仰が隣人のために活動し始め、隣人への奉仕に着手し、隣人の必要に応えるために我を忘れ、自分を隣人に開くことによって、神に向かう道が開かれてくる状態である。

「神は四十四年前から、私を霊的生活に専念するよう招いてくださったが、このような道こそ私が見出すことのできた最も短く、最も確かで、最も穏やかで、最も崇高な道でした」[L56]

ルアン私立図書館に残る当時の学校の版画。

13章　信じ希望し続けて

一六八五―一六八六年

　ニコラ・バレに相談をもちこむ人は朝から晩まで続いた。彼はそれにかなり悩まされていたが、けっしてそのようなそぶりをみせなかった。彼を知る者は誰もが彼は聖人だと思っていた。しかし、彼はそのような賛辞には耐えられない。目の前で褒め言葉が述べられでもすれば、いつもこう答えた。

「あなたは私のことをあまりご存知ないようですね。いや、全然ご存知ではありません」

　ニコラ・バレの態度は、心では賞賛を喜んでいながら、表面では謙遜な、慎しみ深い様子をみせているというようなものではなかった。彼はすでに、徹底的な内的離脱を穏やかに生きるところまで導かれていたのである。彼にとってベツレヘムのいたいけな幼な子こそ、最高の権能のしるしであった。社会の中ではまったく顧みられぬこの幼な子、心もとない旅の途中で生まれたこの幼な子は、弱さと貧しさのシンボルであると同時に、神性を啓示する場である。

神において生まれ、またたえず新たに生まれるには、この誕生の貧しさ、無力さの中に入らなければならない。老いたニコデモは、イエスに「もう一度生まれなければ天の国には入れない」と言われて驚き、その真意を理解することができなかったが、ニコラ・バレは自分自身の無こそ、自分がたえず新たに生まれでる場、人間が神化される場であるとさとり、この弱さにこそ留まるべきことを学んでいた。

真の聖性は、人を世間から引き離すものでもなければ、自分一人で至福を楽しむことでもない。真の聖性は、悪に対する感受性をその人のうちにいっそう鋭くさせ、従っていっそう苦しむ者とする。しかし、この苦しみは愛から生まれ、愛の姿をとる。

聖性は、人間的な完徳でもなければ倫理的完徳でもない。人間の有限と弱さと、限界と罪との中で、神の無限の賜物をいただき、それを育て、もちこたえていくことである。聖性は回心であり、たえざる立ち返りである。聖性は悪と戦う人の苦しみを共感させ、その人が悪から解放されることを切に切に望ませるものである。

バレ神父はある日、ある人に聖体を授ける準備をしていたときに、一つの悟りを得た。彼は、その人とともに「主よ、われはわが屋根の下に主を迎うるに足らず、ただ一言を賜わればわが心癒《い》えん」と祈ったのであるが、彼は突然、はっと思った。「私は今『わが屋根の下に』と言った。聖体をいただくのは私ではなく、この人なのに！」この発見は、彼にとって一つの内的照らしであった。

「そうだ、イエスにおいて、私は彼であり、彼は私なのだ。それなら、私はこの祈りをすべての人々、すべての罪人に代わって言うことができる。そして私は、自分は人間のあらゆる罪を負う罪人であると感じることができる。イエスも一生涯このように暮らされた。イエスは私たちのすべての罪をご自分の身に負うてくださった。私たちもイエスの生き方にならいたいなら、そしてイエスの神秘体であるなら、自分は世のあらゆる罪を身に負う罪人であることを、愛によって感じとらなければならない。罪の悲しみ、苦しみを自分に引き受けねばならない。私の隣人は、もう一人の私である。だから、彼の罪は私の罪だと思わなければならない。少なくとも今、私たちがいっしょに担っているものを神が善と悪とにはっきりと区別なさるときまでは。そのとき初めて、私たちは人間のあらゆる善と一致することができ、それは永遠の喜びの泉となるであろう」[RA10]

この体験の神秘的な深さがわからずに驚いている者、あるいは、このような考察は、無益な重荷を人に負わせるだけだと思っている者に対して、彼は「いいえ、これは重荷ではなく、愛の一つの表われです」と答えた。その言葉は実に晴れやかであった。苦しい戦いをとおしてかちえた、この晴朗さ、それは以後、彼からけっして失われることはないであろう。

彼はこれと同じような精神を、愛徳学校の多くの女教師たちの中に見出すことができるのを喜んでいた。女教師の派遣を依頼してくる小教区はますます増え、バレ神父の補佐として運営面を担当していたセルヴィアン・ド・モンティギーはすべての依頼に応えきれないほどであった。

会がこのように発展し、経験を積み重ねてくると、会の規則や組織を見直す必要が感じられてきた。いろいろな問題にぶつかったり、対立関係を体験してきたことは、会のあり方にも、会員の熱意や寛大さにも影響を与えてきた。いくつかの共同体は多人数となり、日常生活をもっと組織化しなければならなくなっている。一六七七年に作成された『規約と規則』をバレ神父が見直して改訂版をつくってくれたらという願いが起こってくるのは当然のなりゆきであった。そうしておけば、分裂の危険に際しても、それは非常に大きな力となるであろう。

皆の願いに答えて、ニコラ・バレは過去数年間の実践をふまえて、会の規則の改訂版をまとめた。この新しいテキストは、従来のような手書きではなく印刷されることになった。おかげで、会員は一人ひとり『規約と規則』を手もとにおくことができる。町や村に二人ずつ派遣される女教師たちも、それを参考にして生活することができよう。もちろん、二十人から四十人のグループのために書かれた生活細則は、二人のグループにはあてはまらないので、バレ神父は彼女たちのためには次のように書いている。

「二人で生活する場合には、少なくとも毎日の念禱、聖母の小聖務日課（この祈りは当時すべての信者に求められていた）、ミサ、霊的読書、良心の糾明をおろそかにせず、精神と身体の力を維持するため、食事と十分な睡眠をとる」[AS3]

『規約と規則』を出版する際、ニコラ・バレはもう一つのテキストを付加した。それは数年前、広く一般の人々に当てて書かれたものである。表題は「聖なる幼きイエスの愛徳学校の役割を一般に知らせるための覚え書き」となっており、バレ神父の姉妹たちの協力を得ようとする場合には、何が期待でき、何を義務とするのかを広く社会に知らせるためのものであった。

それはまた、このような生き方に心惹かれる女性たちに、この会の使徒的生活様式を知らせるためにも役立つものであった。そこには「貧しい人々を、人間として、またキリスト者として養成する仕事に奉仕するため、完全な無私無欲と、人、場所、金銭、成功、そしてあらゆる保障の追求から完全に離脱していることが要求される生活である」と記されている。

ニコラ・バレは、近づく死を予感していたのであろうか？　そのため、自分が創設した会の組織づくりを完結しておかなければという思いに迫られていたのであろうか？　あるいは、友人たちからすすめられたのであろうか？　同じ一六八五年には『手仕事学校の規則』も作成した。この種の学校の数も、だいぶ増えていたのである。しかし、これら会の基本方針や生活規則を出版するに至った背景には、別の理由もあったのではないかと思われる。

パリとルアンの運営委員のあいだの仲間割れは次第に深刻になり、会の中に二つの別個の管理体制ができつつあった。また、当時の国情から、バレ神父の姉妹たちは王の命令によって、南フランスのラングドック地方に学校を開くことになっていた。それはプロテスタントからの「新改宗者」のための学校である。こうなると、愛徳学校の姉妹たちは、今までよりもっとはっきりと、自分たちの使命、目的、精神をつかんでいなければならない。そうでなければ分裂の危険、あるいは自分たちの存在理由を見失う危険があるのである。

彼女たちが派遣された「新改宗者」とは、どういう人々であろうか。かれらは、一六八五年に出されたプロテスタントのすべての権利を取り上げるという勅令の犠牲者である。この勅令によって、かれらは「改宗する」か、「逃亡する」か、あるいは「殺される」か、どれかを選ばなければならなくなった。この出来事は、フランスの長い歴史の中のつらいひとこまであり、今日なお人々の記憶に深く刻みこまれている。

これより約百年前、平和を望んだフランス王アンリー四世は、ナントの勅令をもって南フランスに多く住むプロテスタントに信教の自由を認めた。しかし、一部のカトリック者は、それはあまりにも寛容すぎる特権だとたちまち反撃し、やがて当局もさまざまな禁止条例を出してプロテスタントの影響力を弱めようとした。こうしてユグノー派とも呼ばれたプロテスタントは次第に自由を奪われていった。

プロテスタント弾圧の動きはすでに一六二九年から始まっていたが、弾圧の形はいろいろで、お金や就職口によって改宗を迫ることもあった。プロテスタント信奉者たちは「改革を自称する偽宗教」と軽蔑されながらも、人口の五パーセントから六パーセントを占め、約百万人の信者を擁していた。かれらは生きた信仰をもち、その信仰は聖書を読むことによって養われていた。当時、カトリックでは、一部の信者が詩編に親しむ以外には、聖書はあまり読まれていなかった。

一六六一年からは、禁止条例が増やされ、集会をもつこと、説教すること、住居を移すこと、あるいはある種の職業に就くこと、カトリック墓地に埋葬されること、日中に葬儀を行うことなどが禁止された。改宗を買いとるための基金さえ設置された。

ルイ十四世は王位聖別の際「王国から異端を根絶する」ことを誓った！　専制君主の一致

の原則、すなわち「信仰は一つ、法は一つ、王は一人」を実現するためには、このような態度をとらざるをえなかったのである。

一六八一年からは、暴力による弾圧が始まった。ドラゴンと呼ばれる馬の乗った歩兵隊員が、掠奪、暴行、虐殺によって町や村を襲い、強制的に改宗を迫った。外国に逃亡しようとする者は捕えられ、ガレール刑（ガリー船を漕ぐ刑）に処せられた。

このような王と軍隊の行動を、カトリック信徒のほとんどは認めていた。聖書にでてくる宴会に招かれた客の譬え話で、イエスは「無理やりに中に入れよ」と言われたではないか？［ルカ14-23］福音書をこのように解釈して、かれらは自分たちを正当化していた。恐怖政策によって「改宗者」たちは多くでた。三十万から四十万人であろうか？

さて、異端が根絶されたとなれば、その結末は筋書どおりに運ばれていく。ナントの勅令によってプロテスタントに保障された一切のものは、すべて無効になったというわけである。そこで、一六八五年十月、フォンテンブローの勅令は、先の勅令廃止を宣言した。プロテスタントの寺院、学校は閉鎖または破壊され、外国に移住した者の財産は、四か月以内に帰国しない限り没収された。このとき、二十万のユグノー教徒が外国亡命の道を選んだ。

残った人々、とくに子供たちにカトリックの信仰を教えなければならない。強制的に改宗させられた子供たちの中には、カトリックである伯父、伯母あるいは従兄姉たちが、プロテスタントの親から子供を引き離すことこそ善業だと信じて、無理やり親から奪い取った子供たちもいる。このような子供たちは、王の命令によって国教を学ばせられることになった。

そこで多くの修道会は、新改宗者の教育のため会員を派遣するよう要求された。親から取り上げた子供たちのためには寄宿学校を運営するよう依頼された。

バレ神父の会は法的認可を受けていないにもかかわらず、関係当局によく知られており、パリにおける運営委員セルヴィアン・ド・モンティギー神父は、王の側近の中に多くの知人をもっていたため、王は彼に、八人の会員をラングドック地方に派遣することを命じた。旅費ならびにモンペリエとモントーバンに施設を建てる費用は、王が負担するという。

ラングドックの知事、バヴィール氏は、女教師たちの住居として、モンペリエではノートルダム小教区にあるアンボアーズ夫人の家、モントーバンでは数年前、ムーチエ地区に王室経費で建てた「新信者対策事業所」を指定した。女教師たちは痛手を負うている住民たちから日ならずして受け入れられ、彼女たちもやさしく、親切に、尊敬をもって子供たちの世話をした。彼女たちはきっとバレ神父から「良心の自由は、人間にとって最も大切なこと」だと教えられていたにちがいない。[AS1]

ほどなく女教師たちは、知事バヴィール氏によって指定された地区内で働くだけではなく、庶民の住む地域に無月謝学校を建てるにはどうしたらよいかということまで考えるようになった。

　ところでニコラ・バレ自身は、この派遣についてどの程度関与していたのであろうか？彼は王の命令にどのような反応を示したであろうか？

　この問いに対し、私たちには何の資料もない。ラフロン師もテュイリエ師もこれについて一言も触れていない。一六八五年の末頃といえば、彼の体力はひどく衰え、会の運営はすでに他の人々に委ねられていた。パリではモンティギー、ミニム会管区長ギリー、ラフロン。ルアンではグレンヴィル、ド・レスピネー、フォーヴェル氏の面々である。ギィエンヌとラングドックに女教師を派遣してほしいという王の秘書官からの依頼状は、セルヴィアン・ド・モンティギー宛てであった。ニコラ・バレの名は、依頼状にも返書にもまったくみられない。

　バレ神父が書き残したものの中には、ただ一度、『愛徳学校のための日常の規則』の中にプロテスタントのことがでてくるだけである。そこには「ユグノー派の女児を学校に受け入れることはできるが、皆が使っているのとは違う本や教理書を持ち込んではならない」[AM21] という注意が与えられているだけで、改宗前後については何も書かれていない。

　改宗者のもとに遣わされた、この使徒的女性グループが、バレ神父を創始者とする会の姉妹たちであること、そしてこのグループはかれらに、貧しい人々を愛してくださる神の福音を知らせ、かれらのうちに神の似姿をつくり直していくこと以外には何の野心ももっていないことを、この地の誰もが知っていた。

姉妹たちが世話を引き受けた若い娘たちのほとんどは、破産の憂き目にあって、非常に苦しんでいる家庭の子女であった。姉妹たちは自分たちの使命を、ニコラ・バレが祈りによって支えていてくれることを信じていた。

愛徳学校の姉妹たちの会は、バレ神父が想像もしなかったほどに発展していた。あるとき姉妹たちはシャム（現在のタイ）での宣教の話を耳にした。シャムで働いている宣教師たちは、この国の女性とつき合うことがむずかしいために、使徒活動が非常に妨げられているという。そこで姉妹たちのうちの何人かの心には、その遠い遠い国へいって働きたいという望みが起こった。*

やがてバレ神父の姉妹たちは、サン・シールの建物の中で数年間を過ごすことになる。そ

＊　バレ神父死後一年たったころ、セルヴィアン・ド・モンティギーはシャムに姉妹を派遣する公式認可を国王に願った。しかし、当時の航海事情からみて女性の渡航はきわめて危険だという理由でこの願いは許可されなかった。

れは、聖ルイ修道会の修道女を養成するためであった。サン・シールの建物は、マントノン夫人（本名フランソワズ・ドービニェ）によって創設されたものである。この夫人は二年前から王のひそかな妻であった。彼女は「フランスにおける教師の第一人者」と呼ばれることもあるのだが、一体どういう女性であろうか？

フランソワズは、牢獄の中で生まれた！　彼女の父、コンスタン・ドービニェは、家族の財産を使い果たしたあげく、殺人の罪と偽金《にせがね》づくりの罪に問われ牢にいた。

フランソワズは彼が牢番の娘を誘惑してもうけた三番目の子供である。フランソワズはまず伯母の一人に預けられ、そこで農家の娘として養育された。八歳のとき両親のもとにもどされたが、それは両親がアンティーユという島に渡ることになったからである。釈放された父親は、ここで一旗あげるつもりであったが成功せず、やがて家族を貧困の中に残して死んだ。母子はフランスに帰ってみたものの、祖国は戦争の最中、フランソワズはふたたび彷徨の日々をおくり、ある人の養女とされた。

十六歳のとき、彼女はポール・スカロンという著名な詩人と結婚した。ポールはフランソワズよりも二十二歳年上、からだに障害をもっていた。また奇妙な性行であったが、フランソワズが二十四歳のとき世を去った。

その後王の愛妾の一人が彼女を呼び出し、王とのあいだに生まれた隠し子たちの養育を委託した。やがてこの子供たちが王の子として正式に認められると、フランソワズも子供たちについて王宮に上がったが、王の寵愛はたちまちにしてモンテスパン夫人からフランソワズに移り、彼女は王の気前よさに甘えてマントノン城を手に入れた。そして、この城の名を自分の肩書きとしたのである。やがて女王が死ぬと間もなく、ルイ十四世は彼女に結婚を申込み、一六八四年、二人はひそかに結ばれた。

マントノン夫人となったフランソワズ・ドービニェは、若い頃の不幸を忘れなかった。彼女は、戦争や事件によって貧困に陥った軍人貴族の娘たちが、自分の国に数知れずいることを知っていた。不幸なこの娘たちは、運よく求められて結婚することができればさいわいだが、そうでなければ完全な堕落に至る者も少なくなかった。

夫人の友人の一人、パリ近郊に住む女性がしばらく前から貧しい娘たちを集めて教育していた。しかし、経済的に成り立たなくなったため、彼女は夫人の地位を利用して援助を頼みこんだ。同情したマントノン夫人は、その事業を継続させるためにルイーユにある一つの邸を提供した。

夫人は当時としては珍しく、教育に深い関心を寄せていた。この友人のところもよく訪問し、やがてルイーユの学校に通う娘たちの数が増えてくると、一六八四年、マントノン夫人はノワジーにある館にこの娘たちを移すことにした。夫人はこのとき、セルヴィアン・ド・モンティギーに手紙を書き、この学校を助けるために愛徳学校の女教師を一人派遣してほしいと頼んだ。この依頼に応えるために選ばれたのはシャルロット・ギルティユ・ド・サン・パールであった。

ノワジーの学校が収めた成功をみると、マントノン夫人は今度は、サン・シールの村に寄宿学校を建て、そこに貧しい貴族の娘たち二百五十人を収容し、無料で教育しようと考えた。そして、その教育に当たる女性たちのため、聖ルイの名を冠した修道会を創立する計画を立てた。しかし、まずその女性たちを養成しなくてはならない。そこでマントノン夫人は、医薬と病人看護についてはヴァンサン・ド・ポール会の姉妹たちに、修道生活については訪問会とウルスラ会に、教育に関してはバレ神父の姉妹たちに協力を求めることにした。*

バレ神父は、このサン・シール派遣について、生前相談を受けたであろうか？　このへんの事情を知る手がかりはほとんどない。事実、サンシールへの派遣は、彼の死後三か月を経てからのことであった。この使命は一時的なものではあったが、貧困と苦しみを背負う若い娘たちへの奉仕であり、創立者が望んでいた「相手の必要に快く応じる精神」と「無私無欲」

なしには果たし得ない使命であったと考えてよいであろう。

バレ神父の姉妹たちは、このほかにもいろいろな地に招かれて、庶民教育のための事業を誕生させることに貢献した。たとえば、シャール・デュミアによって創立されたサン・シャール会の発足を助けるためにリヨンにもいった。

この種の活動の中には、司教の権限に押されて教区の学校となったものもある。あるいは本部との連絡がつかないままに別の新しい会として自立したものもある。だが、それは一向にかまわない。その学校が、貧しい人々を人間の尊厳にふさわしく育てることに貢献することになればそれでよいのである。この会は、完全な無私無欲という土台のうえに立てられたものではなかったか？ [MF4]

＊ バレ神父の十二名の姉妹は、聖ルイ会の修道女たちを、教育者として養成するとともに、サン・シール校での教育にも当たった。姉妹たちは一六八六年八月にサン・シールに派遣され、一六九四年、聖ルイ会の修道女たちが誓願を立てるのを見届けてからもどってきた。しかし、シャルロット・ド・サン・パールはそこに留まることを決意し聖ルイ会に加わった。バレ神父の姉妹たちが帰ったあと、ルイ十四世とマントノン夫人は、自分たちの大事な事業に協力した事を深く感謝し、王はバレ神父の会の本部に、毎年五千リーブルを支給することを決めた。それに応えてセルヴィアン・ド・モンティギーは、一六九四年バレ神父の霊的格言集を出版するに当たり、献辞をマントノン夫人に捧げて恩に報いた。

しかしバレ神父は、ノワジーにおけるシャルロットや、高位高官から好意と尊敬を受けている姉妹たちの身に及ぶであろう危険を知らないわけではない。彼は一六八五年十一月に次のような手紙を書いている。

「もしも、ある姉妹が自分の能力やその他の理由によって、高位高官の前に喜ばれ尊敬され、そのため自分もそれに執着し、自分はほかの人よりもすぐれているのだと思うようになるなら、どうぞ、この忌まわしい世俗的精神を取り除き、私たちの真の父であるベツレヘムの馬小屋に眠る幼な子イエスに立ちもどるよう、賢明に対応してください。どうしても心を入れかえなければ、聖なる幼きイエスの学校の女教師共同体から彼女を追い出してください」[RET18]

すべて威信と権力を求めることは、自分が創立したこの会を破滅に導くであろうことを、老いた創立者はよく知っていた。外見的成功の裏には、必ず危険がひそんでいる。さまざまな戦いと試練に耐え、貧しい人々のためにひたすら奉仕してきたその生涯は、最後にどのような結実を見ることになるのであろう？

14章　暗夜は耀いて

一六八六年

バレ神父は、自分の生涯を、前々から神のみ手に委ねていた。そのみ手の中に、自分の創立した会も委ねていた。しかし、これから先、この会はどうなっていくであろう？　今までは、あらゆる基本金を拒否するという強力な砦によって「使徒的精神の純粋性」を守りぬいてきたが、これをいつまで貫くことができるであろうか。ルアンとパリの運営委員たちのあいだに潜在する対立感情の原因も実はここにあった。

ルアンでは、グレンヴィル氏が愛徳学校の女教師たちの運営をすべて引き受けていたが、彼は会の未来を経済的に保障するものがなければ、会の継続はおぼつかないと考えていた。

しかし、パリではニコラ・バレが頑として基本金を認めない。人は彼に懇願し、あるいは、そんなに頑張るのは愚かだと言い、あるいは、これではルアンとパリは分離してしまう、パリのほうは今日、ほとんどフランス全土に発展したが、何といっても起源はルアンなのだから……としきりに説得するのであったが、すべてむだだった。

病気で衰弱しているバレ神父の口からは、いつもきっぱりした返事しか返ってこなかった。「いいえ、だめです」。彼は保障が多すぎるために自由を失うのをみるよりは、事業が崩壊するのをみるほうがよいという。会の不安定さこそ会を支える力だという。だが、これを理解できる者はごく少ないことも彼は知っている。

「聖なる幼きイエスの愛徳学校は、神の事業である。人間が手をだすなら、神はすぐさま手をお引きになるだろう。人間がこの事業を引き受け、自分たちでやっていこうとすれば、神は即座に人間に譲り渡し、もうこの事業をご自分のものとはみてくださらない。そして、今まで本会に与えられていたすばらしい、まったく特別な御保護をもう与えてはくださらないであろう。この御保護こそ、本会の特徴であったのに」[RNF14]

基本金による安定、勅許による法的認可、教会における公的身分、こういうものによって、幼きイエスの会員である「女性使徒たち」の摂理に対するまったき委託が、いささかなりとも損なわれてはならない。ところが、危険は目前に迫っていることを彼は知っている。いくつかの共同体、金銭に対する所有者精神が生じ、いろいろな問題を起こしているという噂が彼のもとにとどいている。

ある共同体では、各自に支給される二百リーブルを誰もが自分のために使いたがり、その結果、共同体にかかわる支出を誰が負担するかについてごたごたしているという。他の共同体では、食べ物や衣類を誰かからもらえるように工作する者がいる。浮いたお金を自分の望むことに使いたいのだ。王命によってラングドックに派遣された八人の姉妹は、旅行のあと残っていた金貨三十枚を八人で分け、このことは内緒にしておこうと約束したという。

こういうことは、人間の弱さによるものであり、誰もまぬがれえないことだとは知っている。しかし、注意しなければ、離脱の精神は次第に侵されていくであろう。完全な離脱の精神が失われれば、もう使徒ではありえなくなる。

愛徳学校の八人の姉妹をガスコーニュ地方に派遣するようにとの勅令、それに応えるセルヴィアン・ド・モンティギーの熱意、ノワジーにおけるシャルロット・ド・サン・パールの教育者としての資質に対して、マントノン夫人から与えられた高い評価。これらは、事業の純粋性を守るためにバレ神父が築いた砦に、いつのまにかひびを入らせるものではなかったろうか？　晩年を迎えたバレ神父は、やがてパリにもルアンにも訪れるであろう崩壊の危機を知っていた。

バレ神父の友人たちもそれに気づいていた。彼が生きているあいだに、何とかしてパリとルアンの共同体の一致をはかっておかなければ、分裂は必至であろう。できるだけ早く手を打っておかなければならない。

そこで連絡がとられ、ルアン、パリ双方の運営委員の会合が、四月十日に開かれることになった。ルアンからの三人は、グレンヴィル氏、レスピネー氏、フォーヴェル氏である。三人ともノルマンディ地方では行政・政治分野で重要な地位を占めている。パリからの三人は、ミニム会管区長ギリー、ミニム会士ラフロン、そしてセルヴィアン・ド・モンティギー神父である。場所は双方から等距離にあるマギーという町に決まった。

会合は周到に準備されたが、交渉は難航するであろうとは誰もが知っていた。ニコラは、出かけていく三人の友に向かって「いかなる基本金制度にも反対しなさい」と言った。

しかし、この三人は自分たちなりの作戦を用意していた。ルアン側が主張をまげず、パリ側との一致の条件として、基本金制度の受諾を要求するなら、それだけですべてご破算になるだろう。だから妥協案を出そう。パリの共同体だけは基本金制度の恩恵を受けてもよい。しかし、女教師たちが派遣された先で受けないことにすると。そして、この妥協案が通れば、パリに帰ってからバレ神父を説得し、承認してもらおう。また、グレンヴィル氏はきわめてすぐれた管理者であり、ルアンでは愛徳学校の創立者であるかのように見なされている人物である。だから彼が誇りとしているその肩書きをすてて、そう簡単に事業から手を引くことはあるまい。だから彼にパリにきてもらい、全体を管理する責任をとってもらうという提案を出したらどうだろうか？　そうすれば、別にルアンがパリの配下におかれたようにはみえないだろう……。

交渉はむずかしかった。討議の中心は財政問題であり、パリ側が会の公式認可取得を認めることが、ルアン側からのこの会議における絶対条件であった。かれらは、もしパリ側が基本金制度を設けるなら、ルアンの財産も共同金庫に移し、ルアンの五人の姉妹の生活費はパリ側がまかなうことにするという。グレンヴィル氏にとって、この会合の議事録に記すべきことはきわめて明瞭であった。「ルアン側は、パリ側が基本金制度を設けるために、会の公式認可を取得しない限り、パリ側に降伏しない」

そのうえルアン側は、今回の議論はもっとよく考え、もっとはっきりさせておかなければならないことがあると思っていた。かれらは次のことを知りたいのだ。「グレンヴィル氏を、現在の任務からはずすなら、そのあとどういう仕事につかせるつもりか？　今までの仕事とのつり合いも考えなければなるまい。また、その新しい任務は現在彼が果たしている仕事よりも、神のご光栄のためいっそう役立つものであろうか?」

パリ側からだしたグレンヴィル氏の処遇については、受け入れられそうになかった。なぜなら「パリで彼に与えられる仕事は、彼でなくてもほかの誰かを探すことができるだろう。それに反し、ノルマンディにおいては、今まで彼がやっていた仕事を引き継ぐことのできる者を到底みつけられないであろうから」である。

このように双方の合意はなかなか得られず、先ゆきも危ぶまれた。しかし、会員の生き方に関するいくつかの問題や「パリ、ルアンの共同体および一人あるいは数人ずつ派遣された先のどこにでも起こり始めた悪い習慣に関する件」については、ともに討議することになった。そして、双方の善意の証拠として、互いに困難を隠さず、率直に問題を話し合うことができた。しかしながらパリとルアンの本部の責任者は「それぞれの共同体の問題を解決するに当たって、その問題について他方の責任者の意見を求める必要はない」ことにした。

そのほか、従順の精神に関して、あるいは金銭の所有に関する問題については、「姉妹たちは相互に報告し合い、また長上と年下の姉妹たちも互いに報告し合う」という解決策がとられた。そのほかにもいくつかの問題が取り上げられた。たとえば、若い姉妹たちが経験不足のために困っていること、モンペリエの近くにいる三人の姉妹間の不一致、おいしい食べ物を人からもらいたがる姉妹のこと、疑わしい友情、若い姉妹が直接の責任者を飛びこえて上級長上に告げ口をするので、責任者がこの姉妹のご機嫌をとるようになったこと、若い姉妹が、誰かに頼んで自分を褒めそやす手紙を長上に宛てて書いてもらうなどなど……。このような件について互いに話し合った。

また、パリとルアン双方に属しているある地方に、数名の姉妹を派遣しようという決定がとられたが、これは、パリとルアンが一致に向かって進みたいという善意の、もう一つの現われとみてよいだろう。そのガスパーニュ地方に派遣されるはずの姉妹たちの一人は、フランソワズ・デュヴァル*であった。

マギーの会合に出席した六名は、いくらか歩み寄れたとしても、連繋はまだまだ脆弱だと感じながら解散した。ギリー、ラフロン両神父がパリにもどってみると、バレ神父はしばらく前に自室から病室に移っていた。二人はもち帰った合理的解決、すなわち、「会としては基本金制度をもつとしても、それによって会員が個人的に保障されるのではない」という解

＊　フランソワズ・デュヴァルは、ランスでの創立に力を貸し、多くの人々から愛され尊敬された。彼女はバレ神父の会の発足当初の生き方に強い愛着を持っていたので、ルアンの運営委員にとってはルアンから遠ざけたい反対分子の一人だったろう。しかし南フランス出発前に、一六八六年九月、ソットヴィルで亡くなった。

決を承認してくれるよう、バレ神父を説得するつもりだった。かれらはまた、総長アントワン・ペリエに仲介を頼み、バレ神父に圧力をかけてくれるよう願うつもりであった。

死を前にしたバレ神父は、医師から課せられる治療に体力を消耗しつくしていた。しかし、彼の決意は岩よりも固い。「人間的な制度をもたずに神の手の中に落ちるほうが、基本金制度を設けることによって人の手の中に落ちるよりずっといい」と言う。彼は、それを知っていた。ルアンの姉妹たちも分離を案じていた。彼女たちは、ノルマンディ地方におけるバレ神父の後継者は誰なのかまだ知らない。パリでは、ギリー管区長がバレ神父のあとを継ぐ準備をしていることを知っていたが、ルアンはどうなるのだろう？　ルアンの共同体はどこへ、誰によって導かれていくのだろう？

心配した姉妹たちは、一人の姉妹に頼んで、バレ神父に直接手紙を書き、後継者を指名してほしいと願った。彼女たちはこの手紙に、自分たちは聖フランソワ・ド・ポールの帯を身につけたいという願いも書き加えた。フランソワ・ド・ポールの帯というのは、第三会員が身につける、三つの結び目をもつ腰紐である。彼女たちは、この帯をミニム会との絆のシンボルとし、またそれを公的に宣言したかったのであろうか？

この手紙がプラス・ロワイヤル修道院に届いたとき、バレ神父には、もうペンを取る力がなかった。
五月十七日、彼の病状は悪化した。友人たちが具合を尋ねると、彼はかつて何度か発作を起こしたときと同じように「私はすべてを神の手に委ねています。私は神のいつくしみに、いのちも死も委ねています。ですから体の具合も……」と答えた。[Th]
五月二十四日、彼はいつものように朝七時にミサを捧げた。しかし、十一時ごろ容態が非常に悪くなり、その後最後まで一週間にわたる嘔吐が続いた。もはや聖体拝領もできない。体から力が少しずつ抜け出ていくのがわかる。だが、構わない。何もかも奪われるにまかせよう。かつて自ら書いた、あの霊的賛歌の終わりの祈りを、今この身のうえに現実化するときがきたのだ。

すべてに存在を与える神
すべてを支える土台
すべてを保持する場
すべての師なる王《きみ》
純にして至上の霊
御身はすべてを手中におさめ
すべての霊を生かすいのち

神よ　いつくしみによりて
わが意志を導く霊　原理　焔たりたまえ
われに　聖なる渇望を与え
すべて過ぎゆくものに
世と　感覚に　死なしめたまえ
そは　神のいのちに場を譲らんがため
神よ　御身のうちに
われを　空しきものとし
消えしめ　息絶えしめたまえ
そは　わがうちに神のみ働きたもうため
主よ　この恵みをわれに拒みたもうや？
そは　わが無　お気に召さねば？
わが罪　あまりに深ければ？　[CS45・46]

五月二十五日、彼はひどく弱っていた。しかし、聖霊降臨の準備黙想をしている修道士たちが次々と見舞いにくるので、その訪問を受けていた。また、いつも彼のところに告解にくる人たちの訪問も受けていた。

それを見た長上は、彼を静かに休ませなければと思った。しかし病人は、ルアンからの手紙の返事が書きたかった。ペンを取る力はもうないので、同僚の一人に口述を書き取ってもらった。それは、確実なことは何もなくても信頼せよという内容の手紙であった。


「尊敬する姉妹よ、ご存知のように私は、だいぶ前から病床にあり、お返事を差しあげるためには人の手を借りなければなりません。

あなたは、もし私が予見できるなら、私の死後、あなたの会*――むしろ幼きイエスの会というべきでしょうが――の統治について教えてほしいとおっしゃいますが、私はそれを毎日、主に委ねています。ルアンの紳士方は数年前、この件について私にご相談になり、会を経営維持していくのに最も適当なミニム会士は誰かとうるさくお尋ねになりました。そこで私は、この仕事を引き受けるのにふさわしいと思われる何人かの名前を告げねばなりませんでした。

＊　一六八二年、ディジョンにいるスール・アンヌ・ル・タンテュリエに宛てた手紙では、ニコラ・バレは「私たちの会」と書いている。ここに「あなたの会」と書いているのは、パリとルアンのあいだの分離を感じていたからだろうか？　あるいは死を前にしたときの内的離脱の表われであろうか？

私はこの紳士方が、霊的指導者と相談のうえ、あなた方の会の善のために、また皆さんの前進のために最もよいと思われることを決定し、実行するように希望しております。私はまた、ダックヴィル氏、エペレネー氏にも同じようなことを期待しています。二人はすでにかれの父親にならって、この慈善事業を続けるつもりでいてくださいます。

ですから神に祈り、摂理に委ねていてください。私はあなたとあなたの仲間の姉妹たちが聖フランソワ・ド・ポールの帯をつけることに喜んで賛成いたします。あなた方四人は、ずっと前からそれを願っていらっしゃったのですから。神がもし私を回復させてくださるなら、そのとき霊的生活に関するあなたからの質問にお答えしましょう。

幸いなる姉妹よ、どんなことがあっても、いつも平和でいらっしゃい。神に委ねていらっしゃい。あなたの信仰、あなたの希望、あなたの愛に応じて事は行われるでしょう。いやそれ以上によく行われるでしょう。

すべてをイエスから受けとりなさい。私はイエスの恵みによって、あなた方が人々の聖化を目ざして働けるよう、あなた方の聖化のために心を尽くして仕えてきましたが、その私からよりもイエスからすべてを受けとりなさい。

不肖なるミニム会修道士　ニコラ・バレ」

五月二十六日、二十七日。バレ神父はひどく苦労して何通かの手紙を書いた。それは、「摂理会の学校の件」に関する手紙であったが、マギーの会合後の問題についてであったろうか？

二十七日の三時ごろ、もうペンを持つことができなくなったので、書き机を部屋の外に出した。日が沈むころ、彼はもう一通手紙を書きたいと言ったが、そばにいたテュイリエ神父は、

「院長さまは疲れるからもう書かないほうがよいとお思いです」

と言ってやめさせた。彼は言った。

「それが何を意味しているかよくわかります」

「あなたの病気の苦しみは、イエス・キリストに会いにいくようにと東方の博士たちに告げた、あのベツレヘムの星と同じだと思います。偉大なる王があなたを呼んでいらっしゃるしるしです」

「では、そのあとのことばも忘れてはいけませんね。博士たちの気持を十分に味わいながら、かれらのように言いましょう。『いざ行きて、われらの心を捧げまつらん！』と」

二十八日、前の晩よく休んだせいか、朝、いくらか気分がよいように思われた。この知ら

せに皆もほっとした。何人かは部屋まできて喜びを現わした。しかし、テュイリエ神父はだまされなかった。これは単に一時的症状に過ぎない、そばにいて最後まで平和であるよう看《み》とりたいと思った。そしてふたたび部屋に入ると話しかけた。

「幼きイエスの会を、国王が大変高く評価し、認めておられることをご存知でしょう。この学校の女教師たちがフランスの内外で、教会のためにどれほどすばらしいことをしたか、それはあなたにとって大きな慰めですね！　イエスがこの世を去って天の御父のもとにいかれたときのお言葉を、今、あなたは自分の言葉として言うことができます。『私はあなたが私に委ねられた業をなしとげました。今、あなたに会いにいくときがきました』と」

「今のお言葉で、あなたが私に告げたいことがよくわかりました。私に『そのうちよくなるでしょう』などと言う人たちよりも、あなたはずっとよく私の病状をわかっていてくださいます」

その日の午後、バレ神父は深く眠っていたので、まわりの人々は、二年前のように昏睡状態に陥ってしまうことを心配した。そこでテュイリエ神父は、しきりに彼に話しかけた。

「あなたのように衰弱した病人には聖書のどんな言葉が助けになるのでしょうね、教えてくださいませんか？」

バレ神父は目を開き、三度くり返した。

「わが主、わが神よ」

それから、部屋に集まっていた人々に目を注いでつけ加えた。

「この言葉は、神が一番喜ばれる言葉、そして人間にとっては一番慰めになる言葉です。神は親切なお方、そのご親切を思うことによって、私たちの希望は支えられます。どうか私の臨終のあいだ中、この言葉を言わせてください。それから『主こそ聖なり、主こそ王なり、主こそいと高し、イエス・キリストよ』の祈りも言わせてください」

「わが主、わが神よ！」それは、主の復活を疑った使徒トマスの信仰の叫びである。短いが、深い思いのこもった叫びである。長い霊魂の暗夜を歩み続けてきたニコラ・バレが、最後に放つ叫びである。彼は、かつて友人の一人に宛てた手紙にこう書いたことがある。

「苦しいとき、私は天国に次から次へと手紙を送ります。祈りをもって、呻きをもって、叫びをもって、絶叫をもって、懊悩、そして私を絶望へと追いこむほどの苦悶をもって……でも、これは何とすばらしい、また何と不可思議な方法でしょう。天国は全然見えないのですが、こうしているあいだに私をとても近くから、とてもしっかりと強めてくれるのです」[L54]

「わが主、わが神よ！」今こそ、疑いと信仰との最後の戦いのときである。疑いにおける信仰の戦いのときである。

夜の七時と八時のあいだに、テュイリエ神父はふたたび病室に入った。今夜は一晩中付き添うつもりだった。病人は不安と動揺をみせていた。

「どうしましたか？　何が起こりましたか？」

「ああ、一時間ほど前から、昔の苦悶が攻撃しにきたのです。お願いです。助けてください。どうか聖水を」

そして彼は平安を取りもどし、小声で「われは信じ、希望し、愛し奉る」とくり返していた。


二十九日、朝九時ごろ、セルヴィアン・ド・モンティギーが様子を見にきた。バレ神父は彼に次の聖書の言葉で答えただけだった。

「わが去るは、よきことなり」

そのあとしばらくして、同僚の一人が近づいて言った。

「神父さま、聖霊降臨の祝日には、まだ地上にいて私たちと一緒に聖霊をお受けになりますか？」

「いいえ、そうは思いません。私のほうから聖霊に会いにいくことになるでしょう」

「それなら、愛徳学校の姉妹たちのため、聖霊に何を願ってくださいますか？」

「彼女たちの会は、教会における小さな団体です。私は聖霊がいつもこの団体に正気を吹きこんでくれるよう頼みましょう。この会は学びやです。私は聖霊がいつもこの学びやの師であってくれるよう頼みましょう。この会は、私が敵の面前におく軍隊です。私は聖霊がいつも陣頭指揮をとってくれるように頼みましょう」

三十日、ギリー神父がたずねてきた。彼は数年前、バレ神父がサン・モール通りに定期的に通えなくなってから、バレ神父に代わって女教師たちの告解や講和の世話をしていた。

「神父さま、きょうは姉妹たちに何について話したらよいでしょうか？」

「聖霊降臨が近づきました。聖霊が姉妹たちをご自分のものとなさるときです。聖霊はどのように彼女たちを自分のものとなさるか、また、彼女たちはどのように聖霊を自分のものとすべきかについて話してください」

三時ごろ、バレ神父は病者の秘蹟を受けたいと願った。ミニム会の習慣に従って、修道院のすべての者が病室に集まった。バレ神父は深い謙遜と柔和をもって、今までに犯したかもしれないすべての罪のために一同に許しを乞い、さらに続けて言った。

「そうです。私は管区のすべての修道士たちに許しを乞わなければなりません。私は長らく病気だったため、期待されるようなよい模範を示すことができなかったからです」

その夜、そして翌日の午前中は、落ちついているときと苦しみのときが交替に訪れた。彼はしきりにこう呟いていた。

「へりくだれる精神と打ちくだかれし心をもってわれは御身のもとに赴かん。主よ、御身の前に、わがいけにえが、み心に叶わんことを……」

三十一日十時半ごろ、終わりが近づいたと思われた。テュイリエ神父は、火をともしたろうそくを彼の手においた。

「これは信仰のシンボルです。この光が、あなたの疑いや苦しみを全部追い払ってくれますように。さあ、これを手にとって、心の中で言ってください。

『私は信じます。主はわが光、わが救い、私は誰を恐れよう』

この光はまた、あなたがこれから会いにいこうとする神の栄光の光です。イエスとともに婚宴の広間に入るために、さあ、このともされたろうそくを持ちなさい。今言ったことが聞こえましたか？」

一息ついて彼は答えた。

「はい、聞こえました。わかりました。これは賢いおとめたちの、ともされたランプです。彼女たちと一緒に、天国に入るのは何という喜びでしょう」

そして、ほんのわずかの間《ま》をおいて、「イエス、マリア」と三度くり返した。これが最後の言葉だった。

十二時に息を引きとった。顔は穏やかで晴ればれと、平和に満たされていた。


弔鐘が鳴るや否や、彼の死の知らせはパリの町中に飛んでいった。

「ミニム会の聖者が死んだ」

「ミニム会の聖者が死んだぞ」

おびただしい数の人がミニム会修道院に押し寄せてきた。学校の女生徒たち、貴族と召使い、市民と下僕たち……誰もが涙を流していた。誰もが彼を見たい、彼に触れたいと願っていた。習慣に従って、遺骸が教会の前に安置されると、「パリ中を揺るがすほどの騒ぎになった」[Th]

人々は彼の足に接吻し、遺骸の上に花を置き、ロザリオを体に触れさせ、はては、髪の毛、鬚、衣服の端を切りとる者さえいた。バレ神父から霊的指導を受けていた友人の一人は、バレ神父の面影を残しておきたいと思い、顔の蠟型を取らせた。


若い画家ジョセフ・ヴィヴィアンは、偶然に教会の前を通りかかり、群集をいぶかしく思って近寄ってみた。バレ神父の顔は、やつれてはいたが光耀き、さながら変容された者のごとくに美しかった。感動したヴィヴィアンは、即座に鉛筆をとり、面影を紙に写した。このデッサンは、のちにシモノーによって銅版に刻まれ、版画として全国に普及された。

ランスにいるジャン・バチスト・ド・ラ・サールは、ラ・サール会設立に当たって助言を与えてくれたバレ神父の死を、深い哀惜の情をもって悼んだ。

ルアンでは、人々は泣き悲しみ、彼の最後の手紙を深い感動のうちに何度も読み返した。

「どんなことがあっても、いつも平和でいらっしゃい。神に委ねていらっしゃい……」

そして、ニコラ・バレを霊的指導者、師父と仰いでいた人々は皆、彼から学んだことを、涙のうちに思い出していた。苦しみは、ただ苦しみで終わるのではなく、暗夜は「耀く真昼」となることを。

〈付〉ニコラ・バレのあとに続く人々

十八世紀末の大革命は、フランスのミニム会に致命的な痛手を与えた。幾人かの修道士が処刑された。会員は皆、修道院から追放され、革命後もふたたびもどることはなかった。現在、ミニム会はイタリア、スペイン、ブラジル、北アメリカ、チェコスロバキアにおいて活動している。

バレ神父によって創設された男の教師グループは存続できなかった。ジャン・バチスト・ド・ラ・サールの修道士たちがその仕事を引き継いだが、かれらは今なお、バレ神父に対する感謝の念を抱いている。

フランスにおけるいくつかの教区立修道会は、その創立に当たって、愛徳学校の姉妹たちの援助を受け、愛徳学校の規約を採用したところも多い。

バレ神父の死後、ルアンとパリはそれぞれ別個に運営されてきた。二つのグループをひとつにまとめようとする交渉は何度か試みられたが成功せず、セルヴィアン・ド・モンティギーは、一六九〇年、問題解決のため国王の助けを求めた。「この分離は、バレ神父の意に反することであるが、グレンヴィル氏は、自分がルアンの長上であるという主張をひるがえさない」と彼は書いている。

この不一致は、姉妹間の分裂さえ引き起こし、ラングドックに派遣されていた姉妹の中の何人かが、ルアンの長上の管轄下に移るということもあった。しかし国王は、一六九一年、ルアンとパリを切り離すことを決定した。国王は、ノルマンディとブルターニュ地方における権限をグレンヴィル氏に与え、フランスのその他の地方における権限を、セルヴィアン・ド・モンティギーに与えた。

しかしながら、両者の絆は完全に断ち切られたのではなく、一六九五年、一七〇〇年、一七〇七年と、再三、一致への試みがなされた。しかし、これらもすべて失敗に終わり、ついにこの時点で、分離を正式に確認することになった。

今日、ルアンの幼きイエス会（摂理会）は教区立修道会として存続しており、マダガスカルと中央アフリカの宣教にも貢献している。

パリの幼きイエス会（ニコラ・バレ）は国際修道会として存続し、ヨーロッパ、アジア、アフリカ、ラテンアメリカで活躍している。

第二ヴァチカン公会議は、源泉への道を歩むようかれらに呼びかけた。三世紀にわたって別々に生きてきたことは、いろいろな相違を生み出したが、それをのりこえて、今ふたたび絆によって結ばれた。現在両者は、双方の自治権を認めながらも「連合」という形をとるに至っている。

訳者あとがき

本書は Brigitte Flourez : *Marcheur dans la nuit, Nicolas Barré*, Edition Saint-Paul, 1992 の全訳である。

ニコラ・バレという名は、日本ではほとんど知られていないであろうが、このあとがきを読まれれば、日本と無縁の人ではないことがおわかりになるであろう。

ニコラ・バレは、十七世紀中葉のフランスに生きた一人のカトリック司祭であり、ミニム会という修道会に所属する修道士であった。彼を紹介するには三つの側面から光を当てることができよう。

苦行と祈禱によって自己の内面世界に深くわけ入り、神との一致を渇望する神秘思想家としてのニコラ・バレ。

教会で説教し、あるいは告解場において一人ひとりの霊的歩みを助け、神を求める人々を聖徳の高みに導く霊的指導者としてのニコラ・バレ。

貧しい人々、とりわけ霊的に打ち捨てられている子供や若者たちが、人間として、キリスト者として成長していくのを助けるために、生涯を捧げようとする女性たちの共同体の創立者としてのニコラ・バレ。

本書は、この三つの側面を別々に取り上げずに、一人の人間ニコラ・バレを年月を追うて描いているので、これらの側面は、ちょうど糸を三つ編みにするような形で現われてくる。著者はまた、ニコラ・バレの生きた年月を追いながら、当時の社会的背景や、出来事のいきさつを、かなり克明に叙述している。これは、ニコラ・バレが修道院の中で生活しているにもかかわらず、社会の現実に目を注ぎ、社会の中で呼吸し、人々の魂の叫びにきわめて敏感であったことを著者が重大視しているからであろう。

このような社会的背景の説明以外は、ほとんどニコラ・バレの言葉や書き物からの引用であることも本書の特徴であろうか。それは著者が、できるだけ個人的感想をまじえずに、ありのままの資料を読者に提供し、ニコラ・バレ自身にすべてを語らせたかったからであろう。

それらの引用の出典は巻末に提示しておいたが、ニコラ・バレ生存中に出版されたものは、『愛徳学校の会の規約と規則』(一六八五年)と、『愛徳学校案内』(同年)だけである。死後八年たった一六九四年、彼に師事した者の一人であるモンティギーが、ニコラ・バレの教説を集め『霊的格言集』と題して出版した。格言というのは、短い文章の中に、ある思想や勧告の真髄を盛り込んだもので、十七世紀にはかなり重んじられた一つの文学形体でである。その三年後には、ニコラ・バレが残した五十八通の手紙が『霊的書簡集』として出版された。これらの資料に基づいて伝記もつくられた。主なものだけでも十八世紀に二冊、十九世紀に一冊、二十世紀に入って三冊書かれている。これらはいずれも、司祭あるいは神学者の手によるものである。

本書はその点で趣を異にする。本書の著者ブリジット・フルーレは、ニコラ・バレが三世紀前に創立した、パリに本院を置く幼きイエス会の現在の総長である。彼女は、会を創立するようニコラ・バレを促した神からの霊感と、ニコラ・バレの生き方の中に現代人への大きな問いかけを見た。資料にまったく忠実でありながらも、この点にかける著者の思いが本書の底流にあると言えないであろうか。

創立者の死後、会は次第に修道会としての体制を整え、やがてパリのサン・モール通りにある本院を核にして（そのためこの会は長らくサン・モール会という通称で知られた）、フランス国内に百二十を越す学校を開くに至った。しかし、創立者の言葉のとおり、苦しみなしに未来はない。フランス革命は、会のすべての修道院・学校を没収し、会員は分散を余儀なくされ、投獄、迫害の年月をおくった。だが、革命の嵐が過ぎると、会はただちに蘇り、十九世紀には国際修道会として海外への宣教にものりだした。

一八五二年、最初の宣教女たちはマレーシアに派遣され、ペナン、シンガポール、マラッカに貧しい子供たちの養育施設を開き、ニコラ・バレの夢を東洋の地に実現し始めた。それから二十年たった一八七二年（明治五年）、マレーシアでの幼きイエス会の責任をとっていたメール・マチルド・ラクロのもとに日本から一通の手紙が届いた。横浜にいるプチジャン神父からの手紙である。「キリシタン禁令が解かれる兆しが見えてきた。すぐ渡日せよ」

この招きに応えて、メール・マチルドと四人の修道女はただちに出発した。一行は同年六月二十八日、横浜に上陸した。日本の土を踏んだ最初のヨーロッパ人修道女である。

彼女たちのささやかな住居は日ならずして孤児・捨て子の家となり、やがて菫《すみれ》女学校と呼ばれるようになる。居留地に住む外国人子女の教育も引き受けた（サン・モール・インターナショナル・スクールとして今日まで続いている）。一八七五年（明治八年）には、まだ江戸というほうが人々に親しかった東京の、築地居留地内に修道院と学校を開いた。

日本における幼きイエス会のその後の学校創設だけを年代順に挙げれば、一九〇〇年（明治三三年）横浜に紅蘭女学校（現横浜雙葉学園）、一九〇三年（明治三六年）静岡に不二女学校（現静岡雙葉学園）、一九〇九年（明治四二年）には築地の女子語学校を麹町六番町に移し雙葉高等女学校と改称（現雙葉学園）、一九三三年（昭和八年）福岡雙葉学園、一九四一年（昭和十六年）田園調布雙葉学園開校ということになる。数行に収められたこの歴史は希望と苦難に織り成されたものであるが、目に見える試練として、関東大震災による横浜の施設全壊と十人の宣教女の犠牲、太平洋戦争による東京、横浜、静岡、福岡のすべての学校・修道院の焼失だけを挙げておこう。

もしも本書を読まれる方の中に、これら雙葉という名を持つ学校をご存知の方がおられるなら、これで本書の主人公ニコラ・バレと雙葉との関係がおわかりになるであろう。

日本での活動は、このような大きな学校を経営するだけではない。「都市と同じく小さな町や村においても、神の教えを伝え、とくに素朴な人々、貧しい人々に宣教されたイエス・キリストにならい」(一六八五年の『規約と規則』一章十七項)川崎、長崎、沖縄などで働く会員たちもいた。読者の中には彼女たちに出会ったことのある方々もおられるであろう。

幼きイエス会は、今日、ヨーロッパ、アジアだけでなく、アフリカ、ラテンアメリカでも活動していることは、本文の終わりにも記されているとおりである。

ニコラ・バレが歩んだ霊魂の暗夜は、苦悩しつつ神を求める現代人に光を与えるであろうか。彼が貫いた神へのまったき委託と無私無欲は、今日、具体的に生きることができるだろうか。今、社会の中から聞こえてくる小さき者の叫びは何であろうか。本書は、読者が抱いている関心の方面と度合に応じて、何らかの問いを投げかけるであろう。

本書の中に描かれた初代の若い女性たちが、ニコラ・バレの指導にまったく身を委ね、純粋な愛をもって社会の中で生き生きと働く姿はきわめて印象的である。

このような素朴な女性たちの行動力は、ヨーロッパの女性史、あるいは一般庶民の教育史の中で注目すべきことである。本書は、このような視点からも読むことができよう。

本書の翻訳に当たっては、プラド会のエドワード・ブジョストフスキ神父さまに大変お世話になった。神父さまのお力を借りなければ、内容の正確さを期することはできなかったであろう。深くお礼を申し上げる。けれども私自身の力不足と、原書への忠実にこだわるあまり、日本語の生硬さが目立ち、出版を前にためらわずにいられなかった。しかし、春秋社の林幹雄さまから「幼きイエス会が来日して百二十年たっても、まだ創立者の伝記が世に出ていないことは残念だ。翻訳が気に入るまで待てば、また百年たってしまうだろう」と励まされ、勇気を出して原稿をお渡しした。読みづらさをお許しいただきたい。

もしも、この本が日本のさまざまな立場の方々の目にとまり、さまざまな角度からお読みいただけるなら、望外の喜びである。

一九九三年六月　　島田　恒子

新版に際して

このたびの新版に際し、訳者あとがきの一部を現在の状況に即して改めました。

来年（二〇二二年）、幼きイエス会が来日して百五十年の節目を迎えます。本書の旧版が刊行されて三十年近い年月が経ちます。

その間、幼きイエス会にも活動の縮小等、様々な変化がありました。しかし、ニコラ・バレに倣って、協働者の皆さんはじめニコラ・バレに接し心をひかれる方々と共に「人間としての尊厳が傷つけられている人々」を心にとめ、互いに「神の似姿」へと成長するあゆみを続けてまいる所存です。

本書が描くニコラ・バレの生涯から、みな様の心に何らかの問いかけや、光がありますようにと願っております。

二〇二一年十一月　　幼きイエス会　日本管区

〈著者紹介〉
ブリジット・フルーレ（Brigitte Flourez）
1941年、フランス、ノール県に生まれる。パリのカトリック大学にて神学・司牧学・心理学を学ぶ。幼きイエス会会員。

〈訳者紹介〉
島田 恒子（しまだ つねこ）
1925年、東京に生まれる。上智大学神学部修士課程修了。幼きイエス会会員。著書に『信仰と教育と』（共著）（評論社）、『神のはからいは限りなく』ほか。

Brigitte Flourez : "Marcheur dans la nuit, Nicolas Barré, 1621-1686"

This book is published in Japan by arrangement with Soeur Brigitte Flourez
through le Bureau des Copyrights Français, Tokyo.

夜こそわが耀き——ニコラ・バレの生涯

1993年7月10日　初版第1刷発行
2021年11月20日　新版第1刷発行

著者　ブリジット・フルーレ
訳者　島田恒子
発行者　神田　明
発行所　株式会社　春秋社
〒101-0021 東京都千代田区外神田2-18-6
電話 03-3255-9611
振替 00180-6-24861
https://www.shunjusha.co.jp/
印刷　信毎書籍印刷株式会社
製本　ナショナル製本協同組合
装丁　本田　進

ISBN 978-4-393-21714-6　C0016　Printed in Japan
定価はカバー等に表示してあります